who?
special

글 정용연

멀리 모악산이 바라다보이는 김제 들녘에서 나고 자랐어요. 청소년기엔 서울 청량리에서 신문 배달을 했고, 성인이 된 뒤에는 서울과 경기 지역에 살며 만화와 만화 아닌 일을 함께해 왔어요. 쓰고 그린 책으로 《정가네 소사》, 《의병장 희순》, 《목호의 난》, 《친정 가는 길》 등이 있어요.

글·그림 김한조

대학에서 회화를 전공하고 1999년에 만화가로 데뷔했어요. 2000년대 중반부터 그래픽노블 작가로 활동해 왔으며, 어린이만화, 시사만화, 역사만화 등 다양한 분야의 만화를 두루 선보이고 있습니다. 펴낸 책으로 〈초등수학, 개념을 그리자〉, 《독립운동가 단편 만화 모음집 – 후세 다쓰지》, 〈와글와글 인체 미생물 대탐험〉, 《재일조선인 – 우리가 외면한 동포》, 《밍기 민기》, 《만화로 만나는 다산 정약용》, 《김깡깡이 나타났다!》, 《기억의 촉감》, 《소년의 밤》, 〈어린이의 미래를 여는 역사〉 등이 있어요.

감수 늦봄문익환기념사업회

늦봄문익환기념사업회는 문익환 목사의 정신을 계승해 평화 통일과 민주주의에 기여하기 위해 설립되었습니다. 이념과 세대를 넘어 민족 통일에 공감하는 열린 문화 공간을 마련하고, '생명, 평화, 민주주의, 인권'의 길을 만들어 내는 기지로 역할을 다하고자 합니다.

다산어린이 공식 카페

책을 더 재미있게, 책을 더 오래 기억하는 방법
다산어린이 공식 카페에는 다양한 독서 활동 자료가 있습니다.
자료를 활용하여 아이들의 독서 흥미를 더욱 키워 주세요.

who? special
문익환

글 정용연 · 김한조
그림 김한조
감수 늦봄문익환기념사업회

다산
어린이

우리가 '문익환'을 기억해야 하는 이유

2000년을 맞으며 언론에서 20세기를 살았던 중요한 한국인을 조사했는데, 경제 분야로 박정희, 민주주의 분야로 김대중, 통일 분야로 문익환을 꼽았지요. 문익환은 1989년 북한에 가 김일성을 만나면서 남북 사이에 대화할 수 있는 길을 열어 냈거든요.

문익환은 어떤 인물일까요?

문익환은 1976년 58세에 민주구국선언 사건으로 처음 구속·수감된 뒤로 1994년 76세로 세상을 떠날 때까지 여섯 차례에 걸쳐 10년 3개월을 감옥에서 살았습니다.

문익환은 어떻게 그 고난을 감당했는지 궁금하지 않나요?

그는 1918년 만주 북간도에서 태어나, 고구려의 기상을 받아 독립을 꿈꾸며 기독교 성직자가 됩니다. 해방 직전 동네 친구 윤동주가 옥사하자 그 슬픔을 평생 가슴에 간직합니다. 해방 후 공산 세력의 탄압을 피해 서울로 내려왔고, 미국 유학 중 한국전쟁이 터지자, 유엔군에 자원입대하여 휴전협정에서 통역을 맡습니다. 1968년부터 한국 최초 신구교합동구약번역을 시작하면서 구약성서에 나오는 여러 선지자와 예언자의 삶을 거듭 제 것으로 몸에 익힙니다. 그러다가 1970년 전태일이 분신하고 1975년 장준하가 의문의 죽음을

문성근
배우

우리나라 배우이자 사회운동가예요. 문익환 목사의 막내아들이기도 합니다. 대표작으로 영화는 〈그들도 우리처럼〉, 〈경마장 가는 길〉, 〈초록물고기〉, 〈오! 수정〉, 방송은 〈그것이 알고 싶다〉 등이 있어요.

맞자, 윤동주와 전태일, 장준하의 삶을 대신 살겠다며 1976년부터 사회, 국가, 민족 현안에 대해 말하기 시작했던 거죠.

문익환은 인권과 정치·경제적 민주주의가 지켜지는 세상, 이 땅에 평화를 꿈꾸었습니다. 특히 제2차 세계 대전이 끝날 때, 강대국이 제멋대로 잘라 버린 허리를 우리 스스로 잇지 못하고 아직도 총부리를 맞대고 있는 걸 못내 부끄럽게 여겼습니다.

문익환은 좀 더 나은 세상을 꿈꾸는 이들에게 당부했습니다.

"사랑을 가져라! 사랑은 지치지 않는다."

어려서부터 저는 제 아버지인 문익환에게 우리말 교육을 받았습니다.

"'태양의 제국'? 일본식 표현이야. 태양이 늘 떠 있는 나라야? 태양이 유난히 뜨거운 나라야? 우리말은 옆으로 풀어 줘야 뜻이 빨리 제대로 전달돼."

덕분에 〈그것이 알고 싶다〉 프로그램 첫 진행자를 맡았을 때, '초등학생도 알아들을 수 있는 프로그램'이라는 평가를 받았어요.

제게 문익환 목사는 우리말까지도 사랑한, 마르지 않는 샘 같은 분입니다.

문익환을 배운다는 것

　일제강점기, 남북 분단 그리고 민주공화국 대한민국. 지난 우리의 역사이자 한국 근현대사를 상징하는 말입니다. 조선왕조가 무너지고 일제의 식민지가 되었던 그 시절에도 꿈을 꾸던 청년이 있었습니다. 시인 윤동주. 일본군에 강제로 끌려갔다가 탈출하여 광복군이 된 청년이 있었습니다. 그 청년은 해방 후 민주화운동을 위해 헌신했어요. 그의 이름은 장준하. 그리고 윤동주와 장준하의 친구가 있었어요. 윤동주처럼 시를 사랑한 사람이자, 장준하가 의문사를 당하자 친구의 뒤를 이어 민주화운동에 앞장섰던 사람. 문익환입니다.

　그는 뛰어난 성서학자이자 감수성 넘치는 글쟁이였습니다. 하지만 민주공화국 대한민국을 만들고자 노력했던 수많은 청년을 온몸으로 사랑했던 거리의 목사였고, 여전히 깨지지 않는 남북 문제를 해결하고자 북한을 다녀왔습니다.

　오늘날 대한민국은 '선진국'으로 불립니다. 왜 그럴까요? 민주주의 덕분이지요. 서로를 동등하게 대하고, 더욱 나은 세상을 위해 토론하며 함께 살아가고자 노력하니까요. 이것이 가능한 이유는 독재정권이 사라졌기 때문이에요. 우리의 어머니, 아버지들이 치열하

심용환

역사N교육연구소 소장, 작가

역사란 지금도 새롭게 기술되고 있는 '현재사'라는 것을 알리고 실천하기 위해 동분서주하고 있어요. 대표 저서로는 《세상의 모든 지식이 내 것이 되는 1페이지 세계사 365》, 《세상의 모든 지식이 내 것이 되는 1페이지 한국사 365》, 《단박에 한국사》, 《단박에 조선사》, 《꿈꾸는 한국사》, 《심용환의 역사 토크》 등이 있어요.

게 싸워서 1987년에 이루어 낸 승리였지요. 하지만 민주주의는 질그릇 같아서 계속 발전시켜야 합니다. 무엇보다 남북 관계의 위기가 해결되고 통일로 나아가야 보다 완성된 선진국이 될 수 있습니다.

　인간 문익환이 보여 주었던 아름다운 인생, 그리고 그가 지녔던 투철한 역사의식을 공부해 봅시다. 문익환을 배운다는 것은 한국 근현대사를 알아 간다는 뜻입니다. 과거를 알고 미래를 바라보는 일, 문익환의 한가운데 있습니다.

　《who? 스페셜 문익환》은 참으로 가치 있는 책입니다!

차례

박종만 열사여-!

표정두 열사여-!
황보영국 열사여-!

박용만 열사여-!
김종태 열사여-!
박혜정 열사여-!

홍기일 열사여-! 박종철 열사여-!
오동근 열사여-! 김용권 열사여-!

1987년 연세대학교
본관 앞에서
한 노인이 피 끓는
목소리로 외치고
있었습니다.

그것은 이 나라 민주주의를 위해 스러져 간
젊은이들의 이름이었습니다.

이한열 열사여-!

노인이 부른 마지막 이름
이한열….

이한열은 1987년
6월 9일 연세대학교
정문 앞에서
경찰이 쏜 최루탄을
맞고 쓰러진 대학생
입니다.

사경을 헤매다 스무엿새 만에 숨을 거두었지요.

이한열의 장례식이 치러지기 전날, 오랫동안
감옥살이를 하던 노인이 풀려났습니다.

그 노인의 이름은 문익환이에요.

감옥에서 풀려난 지 하루 만에 이한열 장례집행위원장이 되어 연단에 섰던 것입니다.

그는 목사이자 신학자였습니다.

하지만 그 소명을 따르는 것만으로 하느님의 가르침을 다할 수는 없었습니다.

그는 뒤늦게 뛰어든 민주화운동과 통일 운동에 모든 것을 바치기로 합니다.

'늦봄'이라는 호를 가진 문익환, 이제 그에 대한 이야기를 풀어 보겠습니다.

1장

명동촌에서 난 아이

> 예배는 끝났단다.
> 하지만 익환이는 아궁이에서
> 예배를 드렸구나.

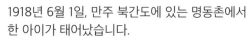

1918년 6월 1일, 만주 북간도에 있는 명동촌에서 한 아이가 태어났습니다.

으앙

건강한 사내아이요.

이름은 익환이로 지읍시다.

문익환은 아버지 문재린과 어머니 김신묵 사이에서 태어난 첫아이입니다.

문익환이라고 하니, 문익점이 떠올라요.

듣고 보니 그렇소. 익환이가 문익점 26대손이겠구먼.

문익점 할아버지가 중국에서 목화씨를 들여온 덕분에 우리 겨레가 따뜻한 목화솜 옷을 입게 되었잖아요.

혹시 알아요?
익환이가 우리 겨레에
따뜻한 봄을 가져오는
큰 인물이 될지도요.

하하. 듣기만 해도
행복합니다.

문익환이 태어난 때는 일본이 조선을
강제로 병합해 통치하던 시기였습니다.

조선 사람들은 19세기 말부터 한반도를 떠나
만주, 일본, 하와이 등으로 이주했어요.

특히 만주 일대는 땅이 비옥하고
중국인이 많지 않아 조선 사람들이
새로 정착해서 살기 좋았습니다.

대한제국(1897~1910년) 시기에도 조선 사람들이
간도에 모여들어 마을을 이뤘습니다.

일제강점기(1910~1945년)에는 조선의
독립을 꿈꾸는 사람들도 모여들었지요.

1899년 2월 18일, 조선 사람들 무리가 얼어붙은 두만강을 건너 만주로 향했어요.

함경도 종성과 회령에서 살던 네 가문이 다 같이 북간도에 새로운 터전을 마련하기 위해 길을 떠난 것이었어요.

고만녜야.

140여 명의 사람 중에는 다섯 살의 고만녜도 있었어요.

어딜 그리 빤히 보느냐?

고향 마을이 저쪽인가 해서요.

고만녜는 문익환의 어머니 김신묵의 어릴 적 이름이에요.
문익환 어머니는 이때 보았던 풍경을 아이들에게 들려주곤 했습니다.

여기부터는 중국 땅입니다.

중국 간도로 건너간 조선인들은 부지런히 땅을 일구었습니다. 사람들은 이 지역을 '부걸라재'라고 불렀어요.

10년 뒤

풍년이다, 풍년.

황금빛 벼가 동쪽을 가리키는 것 같소이다.

그럼 이 마을 이름을 '동쪽을 비추는 작은 빛'이라는 뜻에서 '명동'이라고 짓는 게 어떻소?

좋소이다.

19

이즈음 마을 규모가 커지고, *학전으로 마련해 온 돈이 모여 학교를 세울 수 있게 되었습니다.

우리도 이제 학교에서 아이들을 가르칩시다.

좋습니다.

1908년 4월 27일, 명동학교가 문을 열었습니다.

서울에서 온 정재면 선생님이 명동학교로 부임했습니다.

얘들아, 안녕.

정재면 선생님은 아이들에게 성서를 가르치는 것을 허락하는 조건으로 머나먼 명동촌까지 오게 된 것입니다.

성서는 하나님의 말씀을 기록한 책으로….

하나님 예수님

* **학전**: 고려·조선 시대에, 교육 기관의 경비에 충당하도록 지급한 토지

선생님은 열정적으로 아이들을 가르쳤습니다.

한글 수업이 끝나면 다 같이 성서를 배울 거예요.

아멘!

음메.

명동학교 학생 중에는 문익환의 아버지가 되는 문재린이 있었는데,

1911년 고만녜와 혼인했어요.

정재면 선생님이 명동학교에 온 지 1년이 지난 뒤에는 명동촌 전체가 기독교를 믿게 되었어요.

21

처음엔 마을 어른들이 기독교를 받아들이기를 꺼렸어요.

그렇지만 시대가 변했으니 우리도 하루 빨리 새로운 생각을 받아들여야 하지 않겠소?

우리 전통에 맞지 않는 종교를 믿으라니, 나는 반대요!

하지만 나중에는 기독교로 개종하여 새로운 문물을 받아들이는 데 누구보다도 열과 성을 다했습니다.

농사일을 시작하기 전에 대한 독립을 위해 기도합시다.

얘들아, 나도 학교 간다!

나중에 여학교도 생겨서 고만녜도 학교에 다닐 수 있었어요.

여학교를 다니며 고만녜는 김신묵이라는 이름도 얻었어요.

김신묵!

예.

문재린, 김신묵 부부는 1918년 첫째 문익환을 낳았어요.
그 뒤로 동생들이 더 태어나 다섯 남매가 되었습니다.

문익환

문동환

다섯 남매는 우애가 매우 돈독했어요.

밤새 함박눈이 내려, 마을 여기저기 눈이 소복이 쌓인 어느 날이었어요.

우아, 눈이다!

팽이치기하면 딱 좋겠다!

이야, 신난다.

어서 개울가로 가자.

너희 어디 가니?

밥 먹고 교회 가야지. 주일이잖아.

조금만 놀다가 갈게요!

꽁꽁 얼어붙은 개울 위에서 많은 아이들이 모여 있었어요.
썰매도 타고, 눈싸움을 하기도 하고 저마다 재미있게 놀고 있었지요.

팽이 돌리기
딱 좋게 얼었네!

나 먼저 돌려 볼래!

비실 비실

픽

에잉, 또 쓰러졌네.

이 형이 하는 걸 잘 봐.

팽

손으로 빠르게 돌리고
이렇게 채로 치면!

팽그르르!

우와, 멋지다!
형은 팽이
대장이야!

내가 가르쳐 줄게.
너도 한번 해 봐!

익환과 동환은 시간 가는 줄도 모르고 한참 동안 팽이 놀이에 빠져 놀았어요.

형아,
나도 된다.

핑그르르

거봐.
너도 잘할 수
있다니까.

아차!

교회 가는 걸 깜박 했어.

으악! 어쩌지?

뛰자. 아직 안 늦었을 거야.

형!

그쪽은 교회 방향이 아니야.

그 전에 할 일이 있어서 그래.

부엌엔 뭐 하러?

….

팽이치기가 너무 재밌어서
예수님을 잊어버렸잖아.

그… 그랬지.

앗!
형.

동환아, 주일학교에서 예수님을
언제나 마음속에 모시라고 했잖아.

그런데 이 팽이가 자꾸
예수님을 잊어버리게 할까 봐
태우는 거야.

이야, 그 팽이 타는 모양이 정말 예쁘구나.

앗, 엄마. 언제 오셨어요?

예배는 이미 끝났단다.

하지만 익환이는 아궁이에서 예배를 드렸구나.

아….

어머니.

예수님, 미안해요.
다음부터는 절대로
잊지 않을게요.

몇 년이 지나고 문익환이
열 살이 될 무렵, 햇볕이 쨍하니
내리쬐는 초여름 날이었습니다.

형!

왜 내가 있는 곳만
잡초가 많은 거지?

그럼 나랑 자리 바꾸자.

신난다.

익환이 녀석,
기특하기도 하지.

한창 뛰어놀 나이인데도
문익환은 어머니 일을 열심히 도왔습니다.

아버지가 외국으로 유학을 가 있는 동안,
집 안팎의 온갖 일을 다 맡아 하느라 어머니가
얼마나 고생하고 있는지 익환은 잘 알고 있었어요.

이제 그만 됐으니,
동환이랑 놀다가 오너라.

아니에요.
조금만 더 하고요.

문익환은 남을 먼저 생각할 줄 아는 사려 깊은 아이였습니다.

문익환의 고향
북간도

문익환이 태어나서 어린 시절을 보낸
북간도 명동촌은 조선 후기부터 시작된
한인 이주의 역사가 담겨 있는 곳이에요.
북간도는 일제강점기에 독립운동의
주요 활동지 가운데 하나이기도 했습니다.
북간도 조선인 마을 명동촌을 알아볼까요?

하나 조선 사람들의 새로운 삶의 터전이 된 북간도

간도 지도

간도는 중국 만주 길림성 동남부와 압록강과 두만강
너머에 있는 지역입니다. '조선과 청나라 사이에 놓인
섬'이라는 뜻(사이 간 間, 섬 도 島)에서 유래한 이름으
로, 서간도와 동간도로 나뉩니다.

서간도는 압록강과 송화강 상류의 백두산 일대이며,
동간도는 두만강 북부의 만주 땅을 가리켜요. 두만강
을 경계로 북한과 접해 있지요. 지금의 연변조선족자
치주를 포함하는 동간도 지역을 옛날에는 '북간도'라고
불렀습니다.

북간도는 조선에서 쓰기 시작해서 대한제국 때 공식 명
칭으로 썼습니다. 1902년 대한제국은 함북간도시찰 이범
윤을 간도로 파견하여 조선 이주민을 보호했어요. 이때
이범윤의 직함을 '북간도시찰'이라고 부르면서 자연스럽
게 북간도라는 이름이 쓰였지요. 북간도라는 말에는 함
경북도의 일부 섬이라는 뜻이 담겨 있고요. 북간도라는

이름은 대한제국 정부의 적극적인 간도 정책의 산물이었던 것입니다.

간도는 예부터 산지가 발달하여 땅이 기름지고 온갖 자원이 풍부했어요. 하지만 중국 여진족이 사냥을 중심으로 하는 유목 생활을 했기 때문에, 간도는 오랫동안 개척되지 않은 채로 있었지요. 이렇게 조선시대 후기부터 우리나라 사람들이 간도로 가 살며 기름진 땅을 개척해서 농경지로 만들었어요. 1860년대 말, 함경도에 극심한 가뭄이 들어 많은 사람이 굶어 죽었어요. 굶주린 백성들이 새로운 삶의 터전을 찾아 압록강과 두만강을 건너기 시작했습니다. 그 전까지 청은 조선 사람들이 간도로 넘어와 사는 것을 막는 정책을 펴고 있었는데요. 러시아가 만주와 연해주로 들어와 장악하려는 움직임을 보이자, 청은 만주를 지키기 위해 1870년대부터 이주민의 개간을 허용했습니다.

조선에서도 국경을 넘어 간도로 가는 것을 엄격하게 제재하지 않았지요. 이를 계기로 삶의 터전을 잃은 수많은 조선 사람이 간도로 이주하기 시작했습니다. 함경도에 살던 문치정(문익환 할아버지) 가문도 19세기 조선시대 말에 간도로 넘어갔습니다.

한인 이주부터 항일 독립운동의 본거지가 되기까지

우리나라 사람들이 대대손손 살았던 고향 땅을 등지고, 간도 땅으로 넘어가기 시작한 것은 조선시대 철종 말부터입니다. 그 당시 농민들은 왕권을 둘러

간도로 이주하는 조선인 © 독립운동기념관

싼 세도정치의 오랜 폭정과 수탈에 시달리다 굶어 죽을 상황이었어요. 이를 견디지 못한 농민들이 관권이 미치지 않는 두만강 너머로 가 살기 시작한 것이에요. 그 무렵 함경도에 대흉년까지 들자, 굶주린 백성들이 삶의 터전을 버리고 강을 건너 새로운 땅 간도를 개척했어요.

일제가 우리나라의 국권을 강제로 빼앗은 1910년을 전후로, 항일 독립운동의 새로운 기지를 만들기 위해 간도로 넘어가는 사람이 많았습니다. 그즈음 간도로 이주한 우리나라 사람은 2만 5천여 명이 넘었다고 합니다.

일제강점기인 1910년부터 1919년까지 일제는 조선에서 토지조사사업을 실행했어요. 이는 토지의 사유권을 지주에게만 주고 농민의 모든 권리를 빼앗는 제도였어요. 그 결과 우리 농민들은 강제로 농토를 빼앗겼습니다. 먹고살 길이 막막해진 농민들은 생계를 찾아 간도로 이주하였습니다. 이렇게 간도로 이주하는 한인들이 늘어나면서 1926년 간도에는 중국인보다 우리나라 사람 수가 다섯 배나 많은 정도였대요. 심지어 간도 농토의 절반 넘게

우리나라 사람이 소유했다고 합니다.

일찍부터 간도에서 터전을 잡고 농토를 일군 사람들의 인적 자원과 물적 자원을 토대로, 독립운동가들은 항일투쟁을 그 어느 곳보다 활발하게 펼칠 수 있었어요. 그러나 1931년 만주사변을 계기로 일제가 만주를 장악하고 간도 지역에 만주국을 수립했어요. 이 때문에 북간도를 중심으로 벌이던 항일투쟁이 잠시 중단되었지요. 1945년 일본이 패망하면서 간도는 중국 땅이 되었어요. 그 뒤 간도에 있는 한인 동포들이 '연변 조선족 자치주'를 세웠어요.

연변 조선족 자치주 용정시 © wikipedia

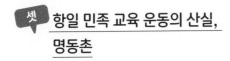

셋 항일 민족 교육 운동의 산실, 명동촌

명동촌은 1910~1920년대 중국 북간도의 대표적인 한인 마을이에요. 중국 길림성 용정에서 서남쪽으로 15킬로미터 떨어진 곳에 있습니다. 1899년 종성과 회령에 살던 문치정 집안, 남위언 집안, 김하규 집안, 김약연 집안, 이렇게 네 집안의 식솔들이

북간도로 이주하여 만든 마을이지요. 재력 있고 학식 높은 유학자들이 낡고 부패한 조선을 벗어나 우리 민족의 미래를 밝히기 위해 중국 땅에 이주한 것입니다. 간도로 이주한 네 집안 가운데 문치정이 바로 문익환의 할아버지예요. 1900년에는 윤동주의 증조할아버지 윤재옥이 가족과 함께 이곳으로 이주했답니다.

명동촌의 원래 이름은 '부걸라재'로 '비둘기 바위'라는 뜻이 있어요. 부걸라재 땅은 원래 중국인 지주가 소유했었는데, 약 600만 평이나 되는 땅의 대부분이 산림이었고 개간된 땅은 4~5만 평쯤밖에 안 되었지요.

네 집안은 북간도에 도착해서 부걸라재 땅을 1,000여 경 사들였어요. 그렇다면 1경은 얼마쯤 될까요? 그 당시 1경은 소 한 마리가 하루 동안 땅을 갈 수 있는 크기였다고 합니다. 얼마나 넓은 땅을 사들였을지 짐작이 가지요? 아직 개척되지 않은 땅을 일구고 가꾸어서 촌락의 모습을 갖춘 뒤, 조선 이주민들이 마을 이름을 '동쪽, 조선을 밝히는 곳'이라는 뜻의 명동촌이라고 지었습니다.

네 집안은 공동으로 교육을 위한 학전을 따로 떼 공동으로 일구었어요. 학전에서 나오는 수입은 교육 기금으로 사용하였습니다. 1908년 김약연을 대표로 하여 마을 어른들이 기울어 가는 조선의 운명을 바로 세울 인재를 기르는 곳으로 '명동서숙'을 설립하였어요. 명동촌의 새로운 미래인 아이들에게 학문을 가르치는 곳이었지요.

명동서숙은 서전서숙(1906년 이상설이 용정에 설립했던 민족교육기관)에서 근무하였던 교사들을

초빙하여 그 맥을 이어 갔답니다. 그 뒤 1909년
에 명동서숙은 명동학교로 이름이 바뀌었고 국내
와 연해주 등 여러 곳에서 학생들이 모여들었어요.
1910년에는 중학부가 더 만들어졌고 1911년에는 여
학생을 가르치는 여학부가 생기는 등, 북간도 지역
항일 민족 교육 운동의 본거지로 자리하였습니다.
1909년에는 명동학교에 부임한 정재면 선생님을
비롯한 몇몇이 김약연의 도움을 받아 '명동교회'를
세웠습니다. 명동교회를 다니는 마을 사람들이 많
아지면서 명동촌은 유교 공동체 사회에서 근대 기
독교 문화 공동체로 바뀌었어요.

who? 지식 사전

문익환이 간직한 고향땅 '북간도'의 의미

문익환은 북간도에서 나고 자랐습니다. 북
간도는 지금은 중국 땅이라고 할 수 있습니
다. 그렇다면 문익환은 자기를 조선이 아닌
다른 나라에서 태어나고 자란 사람으로 인
식하고 있을까요?
문익환은 그의 책 《히브리 민중사》에서 자
기 고향 땅에 대해 이렇게 적었습니다.

'거기(북간도)는 우리 선조들이 쌓았던 성
터가 남아 있었고, 땅속에서는 우리 선조들
이 쓰던 활촉이 무더기로 나왔으며, 절구
같은 생활 도구들이 땅을 가는 보습에 걸려
나왔다. 거기는 남의 나라가 아니었다.'(내
가 왜 중국 사람이어야 하는가)

문익환은 현대 사회에서 정해 놓은 국경으
로 자기의 민족 정체성을 규정하려고 하지
않았습니다. 그에게 있어 '북간도'는 국경으
로서의 대지가 아니라 삶의 터전이었던 것
입니다.

명동촌에 세운 명동학교 © 늦봄문익환기념사업회

2장

명동학교 친구들

> 조선의 독립을 위해
>
> 나는 무엇을 해야 할까?

1925년, 문익환은 명동학교에 들어갔습니다.

아버지도 나도 이 학교를 다녔단다.

흰 뫼가 우뚝코 은택이 호대한 ~
한배검이 깃치신 이 터에
그 씨와 크신 뜻
넓히고 기르는 나의 명동 ~

여러분도 알다시피 이 명동학교는

1920년에 불타 없어졌었지요.
그 자리에 지금 이 학교를 다시 세운 것입니다.

김약연 명동학교 교장

38

문익환이 태어난 다음 해인 1919년, 전국에서 3.1 만세 운동이 일어났습니다.

1919년 3월 13일

대한 독립에 대한 열망은 두만강을 건너
북간도, 용정까지 퍼져 나갈 만큼 대단했어요.

1920년에는 만주를 중심으로 무장 항일 투쟁도 활발하게 벌였지요.

봉오동전투

청산리대첩

조선 놈들에게
본때를 보여 줘라!

쾅

봉오동전투와 청산리대첩으로 크게 패한
일본은 이에 대한 보복으로 조선 사람들이
모여 사는 마을을 습격했습니다.

간도 곳곳의 마을이 불타고
많은 사람들이 죽었어요.

명동학교도 이때 불에 타 무너졌지요.

하지만 명동촌 사람들은 절망하지 않고
힘을 모아 다시 학교를 세웠어요.

이 정도로 주저앉으면
왜놈들에게 지는 거야.

명동학교 선생님들은 아이들이 독립 정신과 민족의식을 기를 수 있도록 더욱더 힘을 쏟아 가르쳤어요.

어떻게 하면 빼앗긴 나라를 되찾을 수 있을까?

우리 다 같이 이야기해 보자.

저요!

항일 무장 투쟁으로 일본과 계속 싸워야 합니다.

조선의 독립을 위해 나는 무엇을 해야 할까?

문익환은 머리가 좋은 데다가 학교 수업을 성실하게 듣는 까닭에 공부를 잘했어요.

그런데 유독 일본어 성적이 나빴습니다.

선생님이 되어 아이들이 독립 정신을 기를 수 있게 도울까?

41

어느 날 교장 선생님이 문익환을 불렀습니다.

흐음….

다른 과목 성적은 훌륭한데 유독 일본어 성적만 나쁘구나. 무슨 까닭이라도 있는 게냐?

저는 왈본놈들의 말을 배우고 싶지 않습니다!

?

왈본이라니?

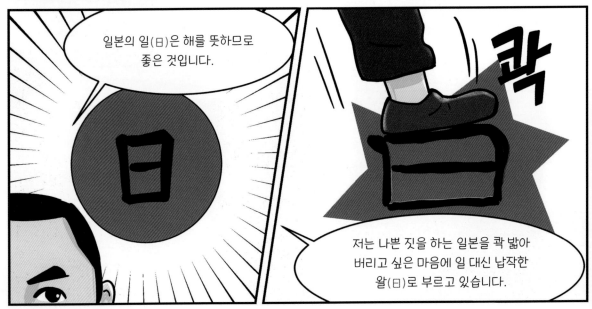

일본의 일(日)은 해를 뜻하므로 좋은 것입니다.

저는 나쁜 짓을 하는 일본을 콱 밟아 버리고 싶은 마음에 일 대신 납작한 왈(日)로 부르고 있습니다.

콱

42

친구들도 모두 일본이라는 말 대신 왈본이라고 부릅니다.

허허허.

참 기발한 생각이구나. 나도 이제부터 왈본이라 불러야겠다.

하지만 익환아.

손자병법에 이런 말이 있다. '적을 알고 나를 알면 싸워도 위태롭지 않다.'

우리의 적은 누구냐?

왈본입니다.

맞다.

그렇기 때문에 더욱더 일본어를 배워야 하는 것이다.

적을 모르는데 어찌 이길 수 있겠느냐?

아!

제 생각이 짧았습니다.

그 뒤로 문익환은 일본어 공부도 열심히 했습니다.

명동학교를 다니는 동안 문익환은 매우 소중한 경험을 쌓을 수 있었습니다.

동무들이 있어 학교생활이 더욱 즐거웠어요.

특히 송몽규와 윤동주는 문익환과 형제나 다름없는 사이였지요.

송몽규

윤동주

이 잡지 참 재미있다.

우리도 이런 잡지 만들어 볼까?

난 찬성!

우리가 할 수 있을까?

후후.

나 송몽규. 한다면 하는 사나이라고!

조만간 부를 테니 기다리고 있으라고.

며칠 후, 송몽규 집

지, 진짜로?

그래. 적어도 〈어린이〉나 〈아이생활〉 같은 잡지를 만들어야지.

와 -

선생님 허락도 받았고 잡지 이름도 지어 주셨어. 〈새 명동〉이라고.

원고는 어떤 걸 실으면 좋을까?

나, 주필 송몽규!

학교에 공고를 내서 원고를 받아야지. 아무거나 실을 순 없으니, 우리가 좋은 글을 골라야 해.

너 대단하다.

그럼 동주는 시를
써 주면 되겠다.

알았어. 그럼 익환이와 정우는
수필을 쓰는 게 어때?

조, 좋아.

발간사는 주필인 이 몸이
써야 하겠지?

맞다! 선생님들
글도 실어야지.

물론.

아이들은 몇 달 동안 잡지를
만드는 일에 매달렸어요.

47

드디어 나왔다!

우리가 잡지를 만들다니,
눈으로 보면서도 믿을 수 없네.

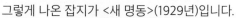
그렇게 나온 잡지가 <새 명동>(1929년)입니다.

익환이 너,
우냐?

너도 울면서….

동주는
어디 가?

얘들아, 나와 봐.
하늘에 별이 쏟아지고 있어.

동주는 분명
훌륭한 시인이 될 거야.

꼭 은구슬을
뿌려 놓은 것 같지 않니?

오, 소년 시인 동주!

1931년 3월 문익환은 명동학교를 졸업했어요. 그리고 용정에 있는 해성학교를 다니고는 1933년 봄, 은진중학교에 입학했어요.

용정은 해란강 가에 자리 잡은 큰 도시예요.

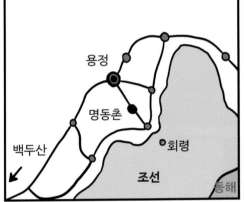

은진중학교는 캐나다 선교사가 *영국덕에 지은 기독교 학교로, 치외법권 지역에 자리 잡고 있었어요.

그래서 일본도 함부로 들어와 간섭할 수 없었어요.

안 돼!

중학교에서도 왈본놈들 교육 안 받아도 되니까 좋구나.

그사이 키가 자라고 안경을 쓰게 되었음.

* **영국덕**: 용정 시가의 동쪽에 있는 영국 조계지 동산. 학생과 조선 사람들 누구나 자유롭게 드나들 수 있었지만 일본군이나 경찰, 헌병 등은 출입하지 못하게 막을 권리가 있었다.

덕분에 교실에 태극기를 걸어 놓고 민족교육도 받을 수 있었습니다.

문익환 학생. 국가의 성립 요소가 무엇인가?

예. 국토, 국민, 주권 이 세 가지입니다.

맞다. 그런데 우리는 주권이 없는 상태다.

독립이 없다면 생활이 조금 더 나아진다고 한들 어찌 인간다운 삶을 살 수 있겠는가? 너희들은 대한 독립을 위해 더욱 정진하길 바란다.

예!

시간은 빠르게 흘러갔어요.

문익환이 열일곱 살이 되던 1935년

얘들아.

나 평양에 있는 숭실중학교로
전학 가게 됐어.

그래. 가서도
공부 열심히 하고.

동주 너도
같이 가면
참 좋으련만.

나도 그러고 싶지만
편입 시험에 떨어져 버렸네.
집에서도 가는 걸 반대하고….

당시 중학교는 5년제가 정규 학제여서, 은진중학교처럼
4년제 학교를 마치면 전문학교 같은 상급학교로 진학할
수 없었어요. 그래서 숭실중학교 같은 5년제 학교로
옮기는 게 상급학교 진학에 유리했어요.

조선인이 가르치는
5년제 학교가
거의 없구나….

한편 송몽규는 학교를 그만두었어요.

나는 중국에
갈 거야.

익환은 송몽규가 중국에 가려는 까닭을
짐작하고 있었지만 따로 묻지는 않았어요.

진짜로 독립군이
되려나 보구나.

문익환은 형제나 다름없는 친구들과의 작별이
점차 다가오고 있다는 것을 느꼈습니다.

몽규야…,
동주야….

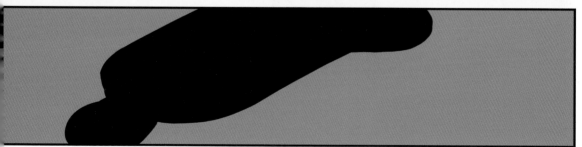

익환아.

어, 송몽규!
무슨 일로….

나 오늘 밤에
중국으로 떠난다.

너, 설마.

꼬덕

정말로 독립운동하러
떠나는구나.

몽규야.

어디서 무얼 하든 잘 지내라.

고맙다.

너희들과 함께한 이곳, 잊지 못할 거야. 우리 해방된 조국에서 다시 만나자.

안녕.

몽규야, 네가 가는 그 길, 함께하지 못해서 미안하다.

주님, 제게도 길을 가르쳐 주소서.

문익환의 삶을
함께한 사람들

문익환이 한평생을 한민족의 화합과
불의한 독재에 맞선 민주화운동과
우리 민족의 화합을 위해
헌신하도록 이끌고 영향을 끼친
사람들이 있어요.
문익환의 삶에서 함께한 사람들은
암흑의 시대를 어떻게 건넜을까요?

하나 문재린(1896~1985년)

문재린은 명동촌에서 민족정신과 기독교 신앙을 접목
한 독립운동과 교육, 선교에 힘쓴 목사입니다. 1899년
문재린이 세 살 무렵, 문치정 가문 식구들과 고향 땅 함
경북도를 떠나 북간도로 왔어요. 1911년에는 같이 이주
해 온 김신묵과 결혼하고 1918년 문익환을 낳았지요.
문재린은 어린 시절 명동촌에서 자라면서 민족정신을
몸소 배워 나갔어요. 1919년 3·1운동 때는 민족 운동
단체 '국민회'에서 서기로 일했으며, <독립신문>의 기
자로 활동하며 민족운동을 실천했지요. 3·1운동을 계
기로 간도에서 독립운동의 기세가 높아지자 일제는 무
장독립운동 세력을 소탕한다는 명분을 내세워 1920년
간도에 사는 조선인들을 무자비하게 학살했어요. 이
사건을 이른바 '간도참변'이라고 합니다.
명동촌에 있던 명동학교도 이때 일제가 불태워 버렸어

문재린 © 늦봄문익환기념사업회

요. 문재린을 비롯해 지도자 네 명은 주민들에게 피해를 주지 않기 위해 자발적으로 일제 감옥에 들어갔다가 1921년 석방되었어요. 자기를 희생하여 명동촌 사람들을 지켜 냈던 문재린은 기독교의 정의를 실천한 신앙인이었습니다.

문재린은 신학을 공부하려고 캐나다로 유학을 다녀온 뒤부터 용정중앙교회 목회 활동을 하며 북간도의 종교 지도자로서 활발히 활동했어요. 그의 활동은 아들 문익환이 목사로서의 삶을 선택하는 데 큰 영향을 끼쳤습니다. 1945년 8월 15일 해방이 된 뒤에는 남한으로 내려와서는 기독교 평신도 운동에 힘쓰며 한국의 민주화운동을 지원하는 한편 한반도의 평화를 이루고자 애썼어요. 문재린의 삶은 기독교 신앙을 통해 민족을 구원하고자 한 북간도의 살아 있는 역사였습니다.

도자로 우뚝 섰습니다.

그는 1909년 명동서숙을 확대 발전시켜 명동학교를 세웠으며, 이때부터 민족교육을 본격적으로 하였습니다. 명동학교는 역사 현장을 답사하여 애국심 교육을 했으며, 행사 때마다 태극기를 걸었고 애국가를 불렀습니다. 작문 시간에 '애국', '독립'이란 낱말이 들어가지 않으면 아예 점수를 주지 않을 정도였다고 해요.

김약연은 명동교회 목사가 되어 전도 사업으로 항일 민족 의식을 전파했습니다. 우리 민족이 힘을 길러 일제로부터 독립하여 부강한 나라가 되기를 바랐습니다. 나라의 미래를 위해 민족교육과 항일 독립운동에 헌신한 김약연은 문익환이 명동학교를 다니는 동안 살아갈 길을 환히 밝혀 준 시대의 참 스승이었습니다.

 김약연(1868~1942년)

김약연은 함경북도 회령군에서 나고 자랐습니다. 그는 1899년 이웃과 식솔들을 이끌고 두만강 건너 북간도 화룡현으로 가 명동촌을 일구었습니다. 그는 중국인 지주로부터 5만 평의 땅을 사들여 학전으로 삼았습니다. 학전에서 난 수입을 토대로 규암재라는 서당을 세웠으며, 청년들을 모아 낮에는 농사짓고 밤에는 공부를 시켰습니다.

또한 동포들이 매입한 토지 소유권을 중국 정부와 교섭하여 찾아주는 식으로 한인들의 권익을 위해 애쓰고 교육 계몽 사업을 펼치며 북간도의 민족 지

김약연 ⓒ 규암김약연기념사업회

윤동주(1917~1945년)

윤동주는 북간도 명동촌에서 태어나 어린 시절을 문익환과 함께 보낸 죽마고우예요. 문익환, 송몽규와 나란히 명동학교에 입학했고, 어릴 적부터 문학에 특별한 재주가 있었어요. 5학년 때는 친구들과 <새명동>이라는 어린이 잡지를 만들었으며, 직접 지은 글을 실으며 작가로서 꿈을 키웠어요.

윤동주는 책을 다 외울 만큼 국어를 좋아했어요. 일본어를 배우기 싫어해서 일본어 성적이 좋지 않았지만, 민족의 힘을 키워 일제와 맞서려면 일본어를 공부해야 한다는 명동학교 선생님 말씀을 들은 뒤부터 일본어 공부도 열심히 했어요.

윤동주가 남기고 간 시집 제목처럼 윤동주는 '하늘과 바람과 별과 시'를 사랑했던 시인이었어요. 북간도의 아름다운 풍경과 어머니와 이웃들이 시에 담겼지요. 그는 일제의 폭압 아래 고통받는 민족을 보며 괴로워했어요.

1943년 일본에서 유학을 하던 윤동주는 독립운동을 했다는 죄명으로 교토 지방 재판소에서 2년 형을 선고받아 후쿠오카 형무소에 갇혔어요.

훗날 증언에 따르면, 윤동주는 감옥에서 성분을 알 수 없는 주사를 주기적으로 맞으며 고통을 겪었다고 해요. 결국 광복을 맞이하기 여섯 달 전인 1945년 2월, 스물여덟 살에 형무소에서 죽음을 맞았습니다. 하늘을 우러러 한 점 부끄럼 없는 삶을 살고자 했던 시인 윤동주가 왜 일본 형무소에서 죽어야 했을까요? 그는 하늘로 떠났지만 친구 문익환의 가슴에 한 줄기 별빛으로 남아 있습니다.

윤동주(두 번째 줄 오른쪽)와 송몽규(첫 번째 줄 가운데)
@ 연세대학교 윤동주기념관

 넷 송몽규(1917~1945년)

윤동주의 고종사촌인 송몽규는 명동촌에서 윤동주, 문익환과 함께 나고 자랐어요. 송몽규는 은진중학교에 다니던 때에 동아일보 신춘문예에 당선되었어요. 어릴 적부터 문학에 큰 관심을 보여 온 윤동주가 부러워할 만큼 뛰어난 작가로 클 수 있는 문학적 재능을 지니고 있었지만, 그는 독립운동가의 길을 가고 싶었어요. 그는 1935년 은진중학교를 그만두고 중국 남경에 있는 학생훈련소에 입소하는 등 독립운동가로서 발을 내딛지만, 그때 독립운동 계열 내부에 있었던 혼란으로 제대로 된 활동을 하지 못했어요.

윤동주와 함께 연희전문을 졸업한 송몽규는 일본으로 유학을 갔습니다. 유학 시절 친구들에게 '우수한 지도자를 얻어서 민족적 무력 봉기로 독립을 실현해야 한다', '일본이 패전했을 때 우리는 앞장

서야 한다'는 말을 하며 적극적으로 독립운동에 투신하려고 계획했어요. 그러다 '재교토 조선인 학생 민족주의그룹 사건 책동'이란 혐의의 주동자로 일제 경찰에 체포되었지요. 송몽규는 윤동주와 함께 후쿠오카 형무소에 갇혀 있다가 1945년 3월 의문의 죽음을 맞습니다.

송몽규는 민족의 독립을 위해 항일운동을 어떻게 할 것인지를 구체적으로 고민하고 실천하는 독립운동가의 삶을 살았어요.

가 유신독재로 민주주의를 탄압하는 동안 장준하는 독재 정부를 비판하는 글을 써서 거침없이 발표했습니다.

장준하 © 장준하기념사업회

 **장준하(1918~1975년)**

장준하는 평안북도 삭주에서 목사의 아들로 태어났어요. 1941년 일본 유학을 가서 1942년 일본신학교에 들어갔지요. 그는 거기서 철학과 신학을 공부했습니다.

1944년 일본군 학도병으로 징집당해 중국 장쑤성 쉬저우 지구에 위치한 조선군사령부 39여단 42연대에 소속되어 있다가 목숨을 걸고 탈출했어요. 그 뒤 한국광복군에 입대해 독립운동가의 길을 걸었지요. 그때의 항일 대장정을 글로 담은 책이 《돌베개》입니다.

1945년 광복이 되고 나서, 장준하는 문익환의 동생인 문동환의 권유로 한국신학대학에 편입해 다녔습니다. 이때 장준하는 '복음동지회'라는 기독교인들 모임에서 문익환을 만나 깊은 교류를 하지요. 그는 이승만 독재 정부의 부정부패한 권력을 향해 비판의 글을 써서 4·19혁명을 승리로 이끄는 데 일조했습니다. 5·16 군사정변을 일으킨 박정희 정부

지식 사전

명동교회

1909년 북간도 명동촌의 명동학교가 기독교계 학교로 전환하면서 명동교회를 설립했습니다. 유교 공동체 사회였던 명동촌은 근대 민족주의 교육을 받아들이기 위해 기독교 공동체로 전환했어요. 가장 큰 변화는 남녀평등 사상이었어요. 여성에게도 교육이 필요하다고 여겨 1911년에 명동여학교를 세웠어요. 이름이 없던 여자들은 이름을 가질 수 있었답니다. 이 무렵 문익환의 어머니도 원래 이름인 '고만녜'에서 신앙에 대한 믿음을 상징하는 '믿을 신(信)'을 이름에 담아 김신묵으로 지어 썼지요. 명동교회는 북간도 한인촌을 하나로 묶는 항일 교육 운동의 구심점으로 자리 잡았어요.

3장

새로운 세계와 좌절

> "
>
> 신사참배를 하도록
>
> 그대로 놔둘 수 없지!
>
> 우리 모두
>
> 들고일어나자!
>
> "

1935년 봄, 문익환은 북간도를 떠나 평양으로 향했습니다.
평양 숭실중학교 4학년으로 편입하기 위해서였지요.

벌써 동주가
보고 싶구나.

그나저나
몽규는 잘 있을까?

두리번 두리번

용정은 큰 도시지만
평양과는 비교가 안 되네.

숭실중학교는 1897년 미국 선교사들이
세웠습니다.

처음에는 작은 학교였지만, 문익환이 다닐 때는
전문학교(대학교)까지 있을 만큼 커졌어요.

이렇게
큰 학교는
처음 봐.

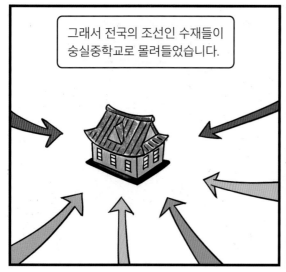

그래서 전국의 조선인 수재들이 숭실중학교로 몰려들었습니다.

더구나 이곳은 기독교 교육을 했기 때문에 문익환이 공부하기에 알맞았어요.

첫 등교라 은근히 긴장되네.

Today, We're going to introduce ourselves. English

(오늘은 자기소개 하는 시간을 갖겠습니다.)

수재들만 모이는 곳이라더니
역시 공부가 많이 어렵네.
따라가려면 더 열심히 공부해야겠어.

네가 용정에서 왔다는
문익환이니?

나는
의주에서 왔어.
반은 다르지만
친하게 지내자.

용정에 사는 사람들은
민족의식이 드높다고 하던데….

신앙심도
깊은 곳이야.

문익환은 숭실중학교에서도 여러 친구들을 사귀었어요.

조선 독립을 위해서는
결국 일본과 무장투쟁을
해야 할 거야.

몽규 생각이 나네….

65

시간이 흘러 2학기가 시작될 무렵이었어요.

익환아.

설마 벌써 나를 잊은 건 아니겠지?

윤동주!

윤동주가 숭실중학교로 전학 왔어요. 문익환은 형제를 다시 만난 것처럼 기뻤어요.

난 3학년으로 편입하게 됐어.

3학년이면 어때? 이렇게 다시 만난 것만으로 꿈만 같은데….

윤동주는 글솜씨가 빼어나
금세 눈에 띄었어요.

동주야!

네 글이 교지에 실렸으면
이 선배님에게 먼저
알려 줘야지!

별거 아닌데,
쑥스러워서….

이거 왜 이래? 이제부터
널 윤동주 시인이라고 부르마.

맞다! 친구들이랑
사진 찍으러
시내에 나가자.

을밀대 사진관

자, 찍습니다.

잠깐만요.

동주야, 우리 모자 바꿔서 찍자.

왜?

아까 네 모자가 비뚜름하다고 내 모자랑 바꾸자고 했잖아.

바꿔 줄 테니까 호떡이나 사 줘!

그래. 고마워.

찰 칵

한편 1935년 11월 14일 평남도지사 야스다게가 평양에 있는 중등학교 교장들을 불러들였습니다.

뭐요? 우리더러 신사참배를 하라고요?

'신사'란 일본 신들을 모시는 곳이었어요.

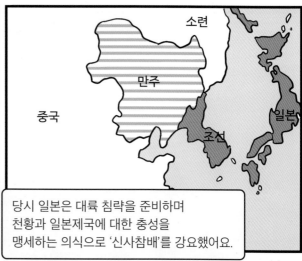

당시 일본은 대륙 침략을 준비하며 천황과 일본제국에 대한 충성을 맹세하는 의식으로 '신사참배'를 강요했어요.

이를 통해 조선인과 만주에 사는 사람들을 천황의 충성스러운 신민으로 만들고자 했습니다.

이것은 종교가 아니라 국가 행사라 하지 않았소!

그렇지 않소. 우리 학교는 교리에 따라 신사참배를 거부하겠소!

그럼 대일본제국에 대해 반대하는 걸로 알겠소!

이러한 일본의 강압에 거의 모든 학교가 신사참배를 할 수밖에 없었습니다.

하지만 숭실중학교 교장 윤산온(조지 맥퀸)은 끝까지 신사참배 명령에 응하지 않았어요.

윤산온을 교장에서 파면한다!

평남도지사는 윤산온 교장을 숭실중학교에서 쫓아냈어요. 윤산온은 1936년 3월 미국으로 돌아갔지요.

주님, 학생들을 보살펴 주소서.

얘들아, 교장 선생님이 파면당했대!

1936년 4월 새 학기

그럼 우리도 이제 신사참배를 해야 하는 거야?

아니! 절대 그렇게 하도록 놔둘 수 없지!

우리 모두 들고일어나자!

우리 3학년들도 가만있을 순 없지.

옳소!

분개한 학생들은 모두 밖으로 몰려나왔어요.

교장 선생님의 파면을 즉각 철회하라!

우리에게 신사참배를 강요하지 말라!

우리는 종교의
자유를 지킨다!

신사 참배 반대 한다!

새 학기가 시작되었지만
신사참배 거부 운동은
계속되었습니다.

친일파 선생들을 시켜 학생들을 구슬리고
협박하기까지 했습니다.

제군들의 행위는
천황폐하와 대일본제국에
반하는 것이다.

얘들아, 이건 단지 국가
행사일 뿐이니 계속 반대하면
학교 성적도….

비겁한 변명입니다!

하지만 일본도 집요했습니다.

시위하는 학생들에 대한 일제의 탄압이 더 거세지자 문익환은 끝내 결심하였습니다.

우리 자퇴하자.

동주 너는 어떻게 생각해?

동감. 나도 일본 놈들의 신하가 될 생각은 전혀 없으니까.

이 일로 많은 학생들이 학교를 자퇴했고,

문익환과 윤동주도 용정으로 돌아갔습니다.

힘들게 들어온 학교인데 넌 반년밖에 못 다녔네.

상관없어.

그런데 이제 우리 어느 학교로 가야 할까…?

그러게. 참 곤란하게 되었네.

용정에 5년제 중학교는 딱 하나뿐인데….

친일계 학교인
광명중학교밖에 없지.

으아, 일본 놈들 교육을 받지 않고
상급학교로 가려고
머나먼 이곳까지 왔건만….

돌고 돌아
일본 말로 수업한다는
광명중학교라니….

이건 솥에서 뛰어내리려다
숯불에 내려앉은 꼴이잖아.

아하하. 익환이
네 말이 정확하네!

적을 알고 나를 알아야
일본을 이길 수 있다.

동주야, 우리 그냥 광명중학교로 가자.

그래. 별다른 방법이 없잖아.

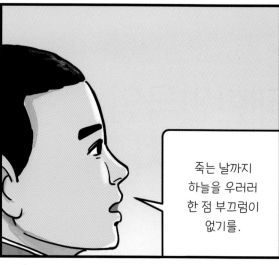

죽는 날까지 하늘을 우러러 한 점 부끄럼이 없기를.

잎새에 이는 바람에도 나는 괴로워했다….

동주 너는 아마 조선에서 제일 가는 시인이 될 거야.

용정으로 돌아온 문익환과 윤동주는 광명중학교에 편입한 뒤, 공부를 마쳤습니다.

졸업하면 넌 뭐 할 거야?

휙

글쎄. 신학교에 갈까 생각하고 있어.

75

대한민국의
독재정치

8·15 광복 이후 우리나라는 역사적 혼란의
소용돌이에 빠졌어요.
여러 진통을 겪은 뒤 1948년 7월 17일,
대한민국 제헌국회 헌법이 공포되었지요.
하지만 진정한 민주주의로
가는 길은 멀고도 험했어요.

하나 혼란의 시대

제2차 세계 대전에서 승리한 연합군 미국과 소련은 1945년 8월 15일 해방 직후 한반도를 남북으로 나누어 미군이 남한을, 소련군이 북한을 점령했어요. 1945년 12월 모스크바에서 열린 미국, 영국, 소련의 외무 장관 회의에서 우리나라에 임시 민주 정부를 수립하고 최고 5년 동안 미국과 소련이 대신 통치하기로 결정했어요. 이를 신탁통치라고 해요. 이로써 오천 년 역사를 지닌 한민족은 한반도의 38도선을 경계로 둘로 갈라지고 말았어요.

미군정은 남한을 신탁하는 과정에서 과거 조선총독부 친일 내각의 정치 관료들을 다시 채용했기 때문에 친일파를 제대로 척결하지 못했어요. 일제강점기에 독립운동가를 고문하고 감옥에 가뒀던 경찰과 법조인이 다시 권력을 휘어잡고 미군정에서 득세하게 된 거예요.

해방 뒤 한국에 있던 일본 국공유·사유 재산이 제대로 되돌아가지 못하는 일도 있었어요. 국가의 재산이 되어야 할 적국의 재산(일본 국공유 재산)을 친일파와 친미파의 손에 넘긴 거예요. 이런 분위기 속에서 목숨 걸고 일제에 저항했던 독립운동가들은 점차 해방된 조국에 발붙일 데가 없어졌어요.

대한민국임시정부의 여운형은 통일 정부를 만들어야 한다고 주장했어요. 하지만 미군정은 친미 성향인 이승만을 정치 지도자로 내세워 남한에 단독 정부를 세우도록 도왔습니다. 때마침 세계는 미국 자본주의와 소련 공산주의 두 진영으로 나뉘어 냉전 시대로 가고 있었지요. 미군정은 친미반공주의자 이승만을 선택하면서 북한을 점령한 소련 공산주의와 대립각을 세웠어요.

이승만은 제1공화국 대통령이 된 뒤, 친일 행위 조사 및 처벌을 위해 조직된 반민족행위자특별조사위원회의 활동을 조직적으로 방해하면서 친일파 청산을 막았어요.

제1차 미국-소련 공동위원회가 개최되었을 때 여운형(맨 오른쪽)
© wikipedia

 ## 이승만 정권

미군의 지지를 얻은 이승만은 대한민국 초대 대통령이 되었어요. 냉전 체제에서 펼쳐지는 이념 대립을 정치 수단으로 삼아서, 남한의 사회주의자를 색출한다는 명분으로 수많은 사람을 죽음으로 몰아넣었어요. 우리나라는 좌익과 우익으로 갈라졌고 결국 1950년 6월 25일 한반도에서 한국전쟁이 벌어졌어요. 1953년 7월 정전협정을 맺기까지 3년 동안 남한과 북한에서 380만여 명이 생명을 잃었습니다.

휴전 이후에도 이승만은 관제 단체와 군인, 경찰 조직을 적극적으로 동원하여 사회를 통제하고자 했어요. 1954년에는 '사사오입 개헌' 사건이 발생했어요. 이승만의 장기 집권을 이루기 위해 자유당은 '초대 대통령은 대통령에 계속 당선될 수 있다.'는 내용을 골자로 한 개헌안을 발의했어요. 그러고는 국회 표결에서 모자란 정족수를 채우려고 반올림을 해 억지로 헌법 개정을 통과시켰습니다.

1956년 대통령 선거에서 이승만은 세 번째로 대통령에 당선되었지만, 진보당 상대 후보의 득표수가 많았으며, 민주당 후보가 부통령에 당선되면서 이승만에 대한 지지가 흔들렸어요.

불안해진 이승만은 1960년 3월 15일, 헌정 사상 최악의 선거로 일컬어지는 부정선거를 자행했어요. 이승만이 있는 자유당은 선거 전날, 모든 선거함에 이승만과 이기붕 이름이 찍힌 위조 투표지를 무더기로 집어넣는가 하면, 투표하는 사람들에게

대한민국 초대 대통령 이승만 © wikipedia

돈을 주고, 한 사람에게 투표 용지 여러 장을 주는 등의 선거 조작을 했습니다. 이러한 부정 행위를 알게 된 국민들의 분노가 끝까지 차올라 4·19 혁명이 일어났고, 미국도 문제를 제기하자 이승만은 대통령에서 물러난 후 하와이로 망명했습니다.

셋) 박정희 유신정권

4·19 혁명으로 이루어 낸 민주주의를 짓밟듯, 1961년 군사 쿠데타를 일으켜 박정희 군부정권이 들어섰어요. 박정희는 경제성장을 내세우며 강력한 정부를 만들었어요. 그러고는 10년 넘게 집권하며 자기의 장기 집권을 정당화했어요.

1972년 박정희는 10월 유신을 선포했어요. 유신체제는 의회주의와 삼권 분립의 입헌 정치 체제와 달리 대통령에게 통치권이 집중되는 권위주의 통치

유신독재로 장기 집권을 한 박정희 © wikipedia

체제였습니다. 또한 국가 권력을 극대화해 개인의 자유와 민주주의를 탄압했습니다.

박정희는 '통일주체국민회의'를 만들었으며, 그 조직에서 대통령으로 뽑혔습니다. 유신체제는 국가 행정의 효율성을 강조하며 장기 집권에 들어갔지만, 각 분야에서 민주 헌정의 회복과 개헌을 요구하는 시위가 일어났습니다. 박정희 대통령은 긴급 조치법을 발동하여 헌법에 보장된 국민의 자유와 권리를 통제하였으며 시위하는 사람들을 구속하였습니다.

미국과 일본에서도 오랜 기간 지속된 유신체제의 인권 탄압을 강력하게 비판하였습니다. 1979년 10월 16일부터 부산, 마산에서 민주 항쟁이 일어났어요. 유신을 반대하는 대학생과 시민들의 시위가 연일 계속되자 박정희 유신정권은 계엄령을 선포했어요. 그러자 집권 세력 내부에서도 갈등이 생겼고 박정희 대통령이 피살되는 10·26 사태가 일어나면서 유신체제는 막을 내렸습니다.

넷) 전두환 신군부

1979년 10·26 사태 이후 우리나라는 혼란에 빠졌습니다. 정부는 계엄령을 선포했고, 통일 주체국민회의에서 최규하를 대통령으로 선출하였습니다. 그러나 1979년 12월 12일 전두환 신군부 세력이 병력을 동원해서 군권을 장악한 뒤, 서울로 진격하여 강제로 정권을 빼앗았습니다.

이에 신군부를 반대하며 민주화를 요구하는 시민

과 대학생들의 시위가 거세게 일어났습니다. 하지만 민주화를 열망하는 국민의 요구는 뭉개졌으며 신군부에 저항하는 민주화 인사들이 감옥에 갇혔습니다. 신군부는 5월 17일 비상계엄령을 선포하였어요. 5월 18일부터 5월 27일까지 광주와 전남 시민들을 중심으로 신군부에 맞서 민주 항쟁을 벌입니다. 이를 '5·18 광주민주화운동'이라고 해요. 이때 민주주의 헌정 체제의 회복을 요구하는 시민들과 진압군 사이에 충돌이 일어났으며, 이 과정에서 신군부가 무차별 사격을 퍼부어 매우 많은 시민들이 처참하게 죽었습니다.

국가 통치권을 장악한 신군부는 7년 단임 대통령을 간접 선거로 선출하는 헌법을 공포했어요. 그러고는 민정당을 만들어 전두환을 대통령으로 선출했습니다. 전두환 정부는 정의 사회 구현, 복지 사회 건설 따위를 통치 이념으로 내세웠습니다. 그러

나 민주화운동에 대해 인권 탄압을 하는가 하면 온갖 부정과 비리를 일삼아 국민의 비난을 받았습니다. 결국 전두환 독재에 반대하는 국민적 저항이 전국적으로 일어나, 마침내 1987년 6월 민주항쟁으로 이어졌습니다.

유신헌법

유신헌법은 견제와 균형이라는 삼권 분립의 의회민주주의 기본원칙을 근본적으로 부정한 개헌이었습니다. 모든 권력이 대통령 한 사람에게 집중되었고, 반대 세력의 비판은 원천적으로 봉쇄했습니다. 유신의 상징과도 같은 긴급조치는 박정희 대통령이 국정 전반에 걸쳐 발동할 수 있는 권한으로, 사법적 심사의 대상이 되지 않았고 국민의 기본권을 대통령 권한으로 제한할 수 있었습니다.

'대한민국의 주권은 국민에게 있고, 모든 권력은 국민으로부터 나온다.'는 대한민국 헌법 제1조를 위반한 유신독재는 민주주의로부터 한참 멀리 있는 폭압적 정치 구조였습니다. 유신은 모든 비판과 찬반 논의를 허용하지 않았으며 위반할 때는 긴급조치로 구속했습니다. 이 기간에는 개인의 인권과 사회적 자율성이 극도로 위축되었지요. 박정희 정권은 경제성장을 빌미로 유신을 정당화했지만, 대통령의 권한으로 국민을 마음대로 동원하고 권력을 함부로 휘둘렀습니다.

쿠데타를 일으켜 국가 통치권을 장악한 전두환 © wikipedia

4장

"

이런 생각을 합니다.

예수님이 그러셨던 것처럼

교회가 가장 낮고 천한 곳으로

찾아가야 한다.

"

광명중학교를 졸업하고 이듬해인 1938년, 문익환은 도쿄에 있는 일본신학교로 유학을 떠났습니다.

사람 일
알 수 없다더니,

왜놈이라며 경멸하던 내가
이렇게 일본으로 유학을
가게 될 줄이야.

평양신학교는 너무 보수적이어서
네가 배울 게 없다. 신학을 하기로
마음 먹었다면 성서를 폭넓고
자유롭게 연구하는 학교가 좋겠구나.

이권찬
목사님….

일본에서는 어떤
공부를 하게 될까?

일본에 건너간 문익환은 발전된 도시 모습에 크게 놀랐습니다.

빵
빵

도쿄는 정말 넓구나.
평양이 작은 시골 도시로
보일 정도네.

도시의 규모보다 더 놀라운 것은
일본신학교 수업 내용이었습니다.

이 문헌에 따르자면….

교수님!

성서는 하느님 말씀입니다.

그런데 인간의 생각으로 이렇게 마구 해석해도 되는 겁니까?

허허허, 자네 생각을 이해하지 못하는 바는 아니네만,

신학은 성서를 학문으로서 공부하는 것일세.

그렇다면 성서에 쓰인 하느님 말씀을 모욕하는 것은 아닐까요?

허허, 꽉 막힌 학생이 또 한 명 왔구먼….

자네, 성서에 담기지 못한 다른 여러 문헌이 있다는 사실은 알고 있겠지?

예.

이 모든 문헌에는 하느님 말씀뿐 아니라 여러 사람의 의견이 스며 있네.

그러므로 우리는 열린 마음을 가지고 성서를 연구하여 하느님의 참뜻을 찾아야 하는 것일세.

하느님의 참뜻이라….

문익환은 일본신학교에서 많은 질문과 답변을 주고받는 동안 성서에 대한 자기 생각이 갇혀 있다는 것을 차차 깨달았습니다.

맞아. 나는 언제부터인가
하느님 말씀이란 명분 아래
내 생각이 늘 옳다고 생각해 왔어.

자기가 틀릴 수도 있다는 걸
인정해야 발전할 수 있다!

문익환은 성서를 글자 그대로만 받아들이지 않고 성서에 담긴
하느님의 진짜 가르침을 탐구하기 시작했습니다.

1940년

문익환은 하숙집 가까이 있는 시나가와 교회로 봉사를 나갔습니다.

일본신학교에 다니는 문익환이라고 합니다.

저 기억하시겠어요?

아, 네….

이전에 도쿄로 유학 온 조선 신학생 모임에서 만났던 박용길이었습니다.

지금은 이 교회에서 전도사로 일하고 있어요.

교회 봉사활동을 하는 동안 두 사람은 자연스레 가까워졌습니다.

가끔 우리 동포들이 사는 곳을
찾아가 보곤 해요.

그때마다 마음이
너무 무거워요.
모두가 비참한
삶을 살고 있어요.

무슨 말인지
알 것 같습니다.

당시 일본에 건너간 동포들은 최하층의 삶을 살고 있었어요.

일자리를 찾아 떠나왔지만, 일본에서도 조선과
다를 바 없는 비참한 처지였습니다.

저도 그들과 다를 바 없다고 생각하지만,
그래도 끼니 걱정은 하지 않고
공부에 매달릴 수 있습니다.
부끄러운 일이지요.

그러면서 이런 생각을 합니다.
예수님이 그러셨던 것처럼 교회가
가장 낮고 천한 곳으로 찾아가야 한다.

제 생각도
마찬가지예요.

신학 공부를 통해 생각이 유연해진 문익환은
가난한 민중의 삶에 하느님의 뜻이 있다고 여겼어요.

그런 생각으로
매일
기도합니다.

이 사람과
함께라면….

함께 이야기를 나누는 동안
둘 사이의 사랑도 자라났습니다.

한편 일본 제국은 미국을 상대로
전쟁을 벌였다가 패전을 거듭하고 있었어요.

그 때문에 학생까지 병사로 모집해
전쟁터로 끌고 가기 시작했습니다.
일본에 있는 조선인 대학생도
징집을 벗어날 수 없었어요.

일본의 전쟁에
끌려가 의미 없이
죽고 싶지 않아.

나도.

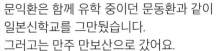
문익환은 함께 유학 중이던 문동환과 같이
일본신학교를 그만뒀습니다.
그러고는 만주 만보산으로 갔어요.

문익환은 전도사로 일하고 문동환은 아이들을
가르치며 만보산에 자리 잡고 살았어요.

그곳에서 문익환은 박용길에게
청혼 편지를 보냈습니다.

우여곡절 끝에 두 사람의 사랑은
열매를 맺어, 1944년 6월, 박용길의 고향인
서울에서 결혼식을 올렸어요.

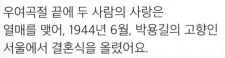

부부는 만주로 가서
교회 주변에 작은 방을 얻어
신혼 살림을 꾸렸어요.

그리고 1945년 어느 날

익환아!

동주와 몽규가 감옥에서 죽었다는구나.

네?

분명히 건강히 있다고 들었는데….
고문받은 게 틀림없어.

일본, 네놈들을 절대로 용서할 수 없다!

주님!
그들 대신 저를 데려가셔야지요!

동주야!

몽규야!

죽는 날까지 하늘을 우르러
한점 부끄럼이 없기를,
잎새에 이는 바람에도
나는 괴로워했다.
별을 노래하는 마음으로
모든 죽어가는 것은 사랑해야지
그리고 나안테 주어진 길을
거러가야겠다.

오늘밤에도 별이 바람에 스치운다.

1941. 11. 20.

윤동주의 장례식은 고향에 있는 윤동주 집에서 치러졌어요.

1945년 8월 15일 마침내 일본은 항복을 선언했습니다.

한반도는 해방을 맞이했어요.

만 세 !

문익환은 해방 소식을 중국 장춘에서 들었습니다.

8월 15일 일본이 연합군에 무조건 항복을 선언했습니다.

드디어 독립인가….

동주와 몽규가 살아 있었다면 이 기쁨을 함께했을 텐데.

이겼다!

그러나 해방의 기쁨도 잠시, 만주 일대는 혼란에 빠졌습니다.

만주에 소련군이 먼저 주둔하고, 이어 중국 공산당과 국민당 군대도 들어왔습니다.

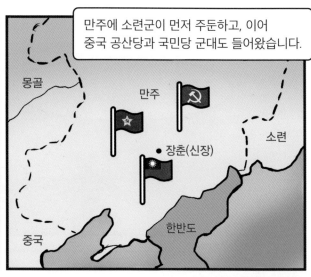

그러더니 중국 공산당과 국민당이 서로 정권을 차지하기 위해 치열하게 싸우기 시작했습니다.

한반도 또한 미국과 소련이 반씩 나누어 점령했습니다.

공산 체제가 자리 잡혀 가는데 이곳에서 더 이상 버틸 수 없어요. 우리, 교인들과 함께 서울로 가요.

서울은 미군 치하에 있어서 기독교를 탄압하지 않을 테고 제 본가도 있어서 훨씬 안전할 거예요.

문익환은 수많은 교인을 이끌고 압록강을 건너 서울로 향했습니다.

먼저 건너간 사람들은 모두 건널 때까지 기다리세요.

서울로 가는 길은 순탄하지 않았습니다.

정지! 검문 좀 하겠소.

이거 영어로 된 책인데 당신 혹시 미국 스파이 아니오?

아닙니다. 이건 영국 책입니다. 영국도 미국처럼 영어를 쓰는 나라라 오해하신 겁니다.

여기 있는 사람들 몰골을 보십시오. 저희는 그저 남쪽에 사는 친지를 찾아 몸을 의탁하러 가는 길입니다.

우여곡절 끝에 문익환 일행은 겨우 서울에 도착했습니다.

이 고개만 넘으면 서울입니다. 다들 힘냅시다.

어머니, 아버지!

오느라 고생 너무 많았다.

장인, 장모님. 오랜만에 뵙습니다.

이버지, 중국에서 고초를 겪으셨다 들었습니다.

먼저 남쪽에 내려와 있던 문재린 목사도 온 식구와 재회합니다.

아니다. 식구가 모두 모일 수 있어 그저 기쁠 뿐이다.

한편 한반도 북쪽에서는 김일성이, 남쪽은 이승만이 정권을 잡기 위해 애쓰고 있었습니다.

남북은 서로를 *괴뢰라 부르며 비방하였고,

소련의 괴뢰!

미국의 괴뢰!

남한 사회도 이념의 충돌로 시끄러워 혼란이 날마다 계속되었습니다.

괴뢰: 남이 부추기는 대로 따라 움직이는 사람을 비유적으로 이르는 말

이러한 사회 혼란 속에 조선인의 삶은 여전히 비참했습니다.

형님, 주님께서 저들을 향해 교회가 먼저 내려가라고 하시는 것 같습니다.

그래, 네 말이 맞다 대견하구나. 동환아.

문익환과 문동환 형제는 이들의 삶 속으로 들어갔습니다.

뜻을 같이하는 사람들과 1947년 '복음 동지회'를 만들어 하느님 사랑을 전하고 성서를 연구했습니다.

이들은 대한민국 민주화와 인권 운동을 싹틔울 씨앗이 되었습니다.

한편 문익환은 훗날 복음동지회 모임에서 그의 삶에 결정적 영향을 미칠 인물을 만납니다.

문익환 선생, 반갑소.

장준하 선생 아니오!

장준하는 일제 말기에 학병으로 끌려갔다가 탈출해 한국광복군 장교로 복무했습니다.

문동환의 제안으로 조선신학교에 들어가 공부하고 복음동지회에서 뜻을 같이한 장준하는 문익환의 든든한 동지가 되었습니다.

잘 부탁하오.

나야말로.

태평양전쟁 때문에 멈췄던 신학 공부를 마친 뒤 목사가 된 문익환은 1949년 미국 프린스턴 대학으로 유학을 떠납니다. 한반도에 닥쳐올 큰 재앙을 예상하지 못한 채….

대한민국의 **민주화운동**

대한민국은 민주화운동을 통해
독재정권으로부터 민주주의를 지키고
바로 세워 왔습니다.
국민들은 독재정권에 맞서
어떻게 민주주의를 지켜냈을까요?

 ## 하나 4·19 혁명

4·19 혁명은 1960년 4월 19일, 학생이 중심 세력이 되어 일으킨 민주주의운동이에요. 좁게는 '피의 화요일' 이라고 불리는 4월 19일을 말하기도 하지만, 넓게는 1960년 2월 28일 대구 학생 시위를 시작으로, 이승만 대통령이 대통령직에서 물러난 1960년 4월 26일까지 전국 각지에서 벌어진 시위를 통틀어 말합니다.

이승만 정권은 국민들에게 반공 사상을 주입시켰으며 학생 조직을 관제화한 학도호국단을 만들어 일사불란하게 통제했어요. 민주주의를 교육받은 학생들은 정부의 정치적 도구가 되고 싶지 않아 '학원의 자유'를 외쳤어요. 부패한 독재를 일삼는 정부에 대한 국민들의 분노도 전국적으로 들끓었지요. 1960년 2월 28일 대구

3.15 부정선거 개표 결과 이승만 대통령 당선을 보도한
1960년 3월 17일 자 동아일보 © wikipedia

에서 일어난 고등학생들의 첫 시위를 시작으로 전
국 각지에서 학생들이 시위했어요. 그러던 중에 3
월 15일 이승만 정부가 부정 선거를 벌였고, 당일
마산에서 부정 선거 반대 시위가 열렸어요. 경찰은
시위대를 강제로 진압했지요.

4월 11일, 마산 시위 때 행방불명되었던 김주열 학
생이 얼굴에 최루탄을 맞은 채 시체로 발견되었어
요. 국민들의 분노는 걷잡을 수 없을 만큼 커졌고,
'이승만 정권 퇴진' 봉기로 시위가 확대되었어요.
마침내 이승만은 대통령 자리에서 물러났어요.

시민들은 정부에게 부정선거를 주도한 자들과 부
정한 방법으로 재산을 축적한 이들을 처벌하고 재
산을 사회에 환원하도록 요구했어요. 또한 시민에
게 발포 명령을 내린 자들도 처벌할 것을 요구했지
요. 정부와 국회는 시국수습결의안을 통해 관련자
들을 구속했으며, 헌정 사상 처음으로 '내각책임제
개헌'을 이루었어요. 4·19 혁명은 학생들이 주도해
전 국민까지 확산된 대한민국 최초의 민주화운동
으로, 민주주의는 국민이 만든다는 것을 깨닫도록

4월 시위에 참여하여 4.19 혁명을 이루어 낸 시위대 ©wikipedia

했습니다.

5·18 광주민주화운동

5·18 광주민주화운동은 1980년 5월 18일 광주에
서 '전두환 신군부의 퇴진'과 '계엄령 철폐'를 요
구하는 시민이 신군부 계엄군에 맞서 싸운 시민
봉기입니다.

1979년 10월 26일 박정희 대통령이 사망한 뒤,
전두환을 중심으로 한 신군부 세력이 군사 반란
을 일으켜 군지휘권을 장악했어요. 1980년 4월
부터 전개된 노동쟁의가 5월 초까지 전국으로 확
대되었고 대학생들은 민주주의의 회복을 외치며
시위를 해 나갔어요. 대중운동을 사회 혼란으로
규정한 전두환 신군부는 군대를 통한 시위 진압
을 감행할 계획을 세우고 있었지요.

1980년 5월 17일 밤, 신군부는 전국에 비상계엄
령을 선포하고, 집권에 반대하는 정치인 김대중
을 비롯한 민주 인사들을 간첩으로 몰아서 감옥
에 가두었어요. 신군부에 저항하는 사람들을 적
색분자, 불순세력, 폭도로 규정하며 민주화운동
탄압의 명분을 만들고자 했어요.

5월 18일, 전남대 교문 앞에서 비상계엄에 반발
하는 학생들의 시위를 시작으로 광주 시내 곳곳
에서 시위가 벌어졌어요. 신군부는 시위대를 진
압하기 위해 훈련한 군대인 공수부대를 광주로
보내 학생을 비롯해 무고한 시민까지 무차별로
학살했어요. 이에 분노한 광주 시민들은 모두 거

리로 뛰쳐나왔고, 시민군을 결성하여 용감하게 항쟁을 벌였어요. 무력으로 시민을 학살한 계엄군에 맞선 민주 시민들의 필사적인 봉기는 열흘 동안 계속되었습니다. 계엄군은 그 기간 동안 광주로 들어가는 모든 도로를 막아 광주를 완전히 고립시켰으며, 전두환 신군부는 언론을 조작해 광주에서 벌어지는 일이 바깥으로 새 나가지 않도록 막았어요. 광주에 있는 한 사람 한 사람 민주주의를 지키기 위해 싸웠으나, 많은 시민들이 계엄군의 군홧발에 짓밟혀 희생됐어요.

5·18 광주민주화운동은 한국 민주화운동의 자양분이 되었습니다. '5·18 민주화운동에 관한 특별법'이 만들어졌으며 책임자를 처벌하였고, 진상 규명을 이어 가는 동안 '5·18 광주민주화운동'이 국가 기념일로 지정되었어요. '5·18 광주민주화운동'은 군사 쿠데타 정권의 무자비한 폭력에 맞서 시민의 인권과 민주주의의 정당성을 지켜 낸 저항으로 평가되고 있습니다.

국립5·18민주묘지 추모탑 © wikipedia

셋 6월 민주항쟁

6월 민주항쟁은 1987년 6월, 대통령직선제 개헌 등 민주화를 요구하며 펼친 시민 항쟁이에요. 1987년 1월 박종철 고문치사 사건과 전두환 정부가 대통령 간선제를 고수하려고 한 4·13 호헌 조치, 시위 도중 이한열이 최루탄에 맞아 사망한 사건 등이 불을 붙여 6월 10일부터 전국적인 시위로 퍼졌습니다.

서울대 3학년에 재학 중이던 박종철은 1987년 1월 13일 자정 하숙집에서 '서울대학교 민주화추진위원회 사건'으로 치안 본부(지금의 경찰청) 대공분실 수사관들에게 연행되었어요. 취조실에서 공안 당국은 박종철을 취조했지만, 순순히 답하지 않았지요. 이에 경찰은 잔혹한 폭행과 전기 고문, 물고문 등을 퍼부었고 1월 14일 박종철이 사망하자 그 사건을 은폐했어요. 이 같은 사실이 알려지자, 전국 주요 도시에서 박종철 추모식과 시위, 농성이 이어졌어요.

하지만 1987년 4월 13일 '대통령 특별담화'에서 전두환은 국민이 직접 대통령을 뽑는 대통령 직선제로 하는 개헌 논의를 유보하겠다고 밝혔습니다. 다음 날 각계각층의 민주 인사들이 호헌 조치를 비판하는 시국 성명을 발표했어요. 국민들은 전두환 정권에 크게 분노하였고, 이후 민주화를 요구하는 시위가 전국에서 일어났습니다.

얼마 뒤 6월 9일, 시위에 참여한 학생 이한열이 연세대 정문 앞에서 경찰이 쏜 최루탄에 뒷머리를 맞아 쓰러졌습니다. 6월 10일, 잠실운동장에서 민정당 전당대회가 열렸고 노태우가 대통령 후보로 결정되었습니다. 그 소식을 듣고 서울시청 광장에서 대규모 시위가 일어났습니다. 재야 민주 세력과 대학생은 물론 직장인까지 시위에 참여하였으며, 전국적으로 시위가 퍼져 나갔습니다.

이한열은 끝내 7월 5일 사망하였습니다. 이한열 열사의 장례식은 전 국민을 민주항쟁에 동참하도록 이끌었습니다.

6월 민주항쟁의 결과 '6·29선언'이라는 직선제 개헌 시국 수습 특별 선언이 발표되었습니다. 이를 통해 1987년 12월, 대통령 선거가 직선제로 치러졌어요. 6월 민주항쟁은 시민 저항을 통해 독재 정부의 장기 집권을 막고 대통령 직선제 개헌을 이루어 냈습니다. 6월 민주항쟁으로 정치, 사회, 문화적으로 민주주의 이념과 제도가 뿌리내리게 되었습니다.

6월 민주항쟁 때 서울시청에 있는 보행로에 새긴 독재 규탄 문구

© 서울특별시청

who? 지식 사전

민주주의란?

국가 체제 안에서 국민이 주인이 되어 자기 권리를 자유롭게 행사하는 정치 형태입니다. 프랑스 시민 혁명 이후 개인의 자유와 만인의 평등을 법적으로 확립한 정치 원리이지요. 민주주의는 기본적으로 국민이 정치에 참여해 모든 일을 결정합니다. 하지만 인구가 많아지고 복잡한 사회에서 모두가 직접 정치에 참여할 수 없기 때문에, 선거와 투표로 전체 구성원의 의사를 반영하고 실현합니다. 민주주의는 개인의 자유를 억압당하지 않도록 독재 권력을 견제하는 정치 제도를 마련하고 있습니다.

5장

늦더라도 봄은 온다

> 이 땅에서 일어나는
> 문제를 결코
> 외면해서는 안 된다.
> 이제는 내 차례가
> 온 것 같구나.

1950년 6월 25일, 한반도에 전쟁이 벌어졌습니다.

북한이 무력으로 한반도를 통일하기 위해 남침한 것입니다.

얼마 남지 않았다.
서둘러 진격하라!

하지만 미국을 중심으로 한 유엔군이 참전하여 북한군은 밀려났고,
여기에 중국 공산군이 참전하면서 전쟁은 더욱 커지고 길어졌습니다.

인천으로
상륙한다!

미군을
포위하라!

그때 미국에서 유학하고 있던 문익환은 전쟁 소식을 듣고 큰 충격을 받았어요.

나라가 둘로 갈라지더니 기어코 전쟁이 벌어졌구나.

가족들은 무사할까?

어떻게 되찾은 나라인데 동족끼리 전쟁이라니….

전쟁을 끝내기 위해 내가 할 수 있는 일이 없을까?

마침 일본에 있는 유엔군 사령부에서 통역을 담당할 *군속을 뽑는다는 것을 알게 되었습니다.

당장 지원해야겠어.

* **군속**: '군무원'의 옛말로, 군대에서 일하는 특정직 공무원인 문관

유엔군 통역 군속으로 지원한 문익환은 일본을 거쳐 한국으로 돌아왔습니다.

돌아온 그의 눈에 비친 한국은 생각보다 훨씬 비참했습니다.

헤이~기브미 쵸콜렛!

부 우웅

이보게, 문익환.

이번 회담은 무슨 성과가 있었는가?

전혀요.

양쪽의 의견 차이가 너무 커서 쉽지 않을 것 같습니다.

오늘도 마찬가지구나.

서로 조금이라도
자기에게 유리하게
협상하려고
다투고 있습니다.

그동안 무고한 사람들이
죽어 나가고 있어요.

협상이고 뭐고
일단 전쟁부터
먼저 멈춰야 한다고!

통역하다 보면
이렇게 말하고 싶은
때가 한두 번이 아닙니다.

1953년 7월 27일, 끝없이 계속될 것 같았던 회담이 마침내 끝났습니다.

휴전

휴전이라니….
이러면 언제라도 전쟁이
다시 일어날 수 있다는 거잖아.

그리하여 삼팔선 대신에 휴전선이 생겼고
점점 거대한 방벽이 되어 남과 북은 갈라지고 말았습니다.

전쟁이 끝난 뒤 문익환은 미국으로 건너가 대학원 과정을 마쳤습니다.
그리고 1955년 한국으로 돌아와 한국신학대학에서 교수가 되었지요.

문익환은 학생들을 가르치는 동안 늘 우리말의 중요성을 강조했어요.

우리가 쓰는 말과 글은
우리 민족의 얼과
정신입니다.

이게 도대체
어느 나라 학생들이
쓰는 글인가!
이 많은 학생 가운데
우리말을 제대로 쓴
학생이 없어요.

김 교수님, 성서가
너무 어렵지
않습니까?

영어에 히브리어 성서까지
술술 읽는 분께서
농담도 참….

하지만 보통 사람들한테는
너무 어려워요. 지금은 쓰지
않는 말도 너무 많고요.

하긴 그렇군요.

이참에 누구나 쉽게
읽을 수 있는 우리말 성서를
새로 번역해 보면 어떨까요?

좋은 생각입니다.

문익환은 1968년, 여러 신학자들과 성서공동번역위원회를 만들었습니다.
그리고 카톨릭교와 개신교의 대표가 모여 '공동번역성서' 작업을 시작했습니다.

그러던 어느 날

척

우리는 기계가 아니다!

근로기준법을 준수하라!

1970년 11월 19일, 청계천 평화시장에서 한 청년이 스스로 몸을 불살랐습니다.

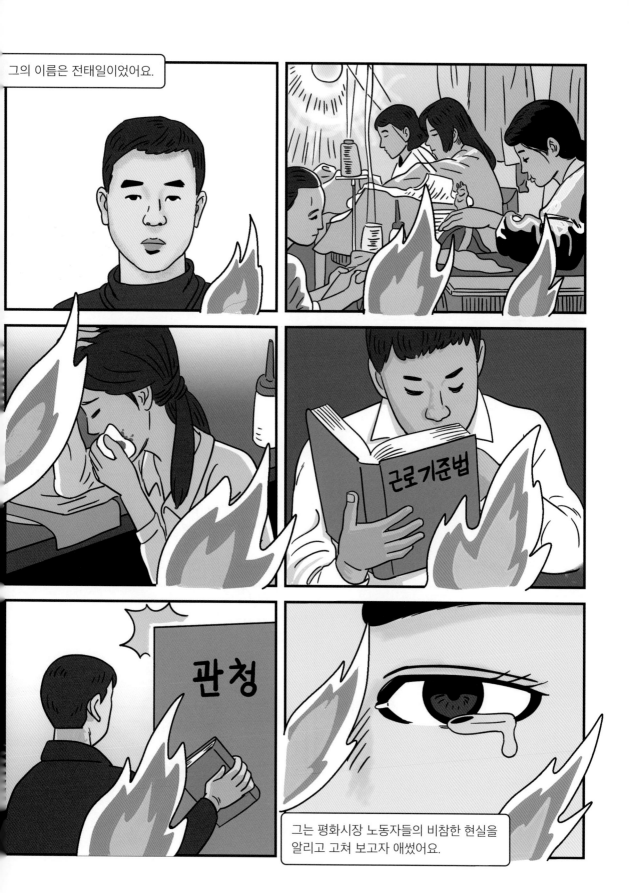

그의 이름은 전태일이었어요.

근로기준법

관청

그는 평화시장 노동자들의 비참한 현실을 알리고 고쳐 보고자 애썼어요.

하지만 그의 말에 귀 기울이는 사람은 거의 없었습니다.

내 죽음을
헛되이 하지
마세요.

*분신은 이를 알리기 위한
최후의 선택이었습니다.

그제야 사람들은 공장 노동자들의
비참한 현실에 귀 기울이기 시작했습니다.

문익환 또한 마찬가지였어요.

나라도
그의 말에
귀를
기울였다면….

부끄럽다. 낮은 곳으로
먼저 내려가자던 그때의
다짐을 벌써 잊은 것인가?

* 분신: 자기 몸을 스스로 불사름

'평화시장'에서 시들어 가는
아까운 꽃송이들을
사랑하다가 사랑하다가
한 줌 재가 된

아-
'전태일'의 꽃 같은 마음에
풀씨들은 울먹이며
더듬더듬
새봄을 마련하는
곳

생명은
그런 무덤에서
돋아난다

문익환, <부활절 아침에> 중에서

세상은 더 험악해졌습니다.

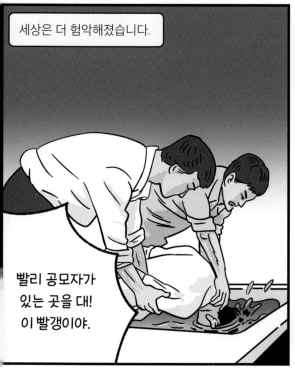

빨리 공모자가
있는 곳을 대!
이 빨갱이야.

헌법 공포식

1972년 10월, 유신헌법이 선포됩니다.

117

이건 박정희가 평생 대통령을 하겠다는 뜻 아닌가!

*〈사상계〉 1953년 4월에 장준하가 창간한 월간 종합교양지

思想界

1970 7

〈사상계〉 같은 잡지도 휴간당하고. 이제 어디서 민주주의를 말할 수 있을까?

박정희를 더 이상 두고 볼 수가 없어. 이러다가 우리나라 민주주의가 사라질까 봐 두렵소.

어느 날

나, 장준하. 지금부터 유신헌법 철폐 운동에 앞장설 거요.

내가 가는 길이
가시밭길이어도
절대 포기하지
않을 걸세.

문익환도 그 길에 함께하고 싶었지만
성서를 번역하는 일을 마무리해야만 했습니다.

그 뜻 잘
알겠소.
부디
몸조심
하시오.

1973년 12월 24일

YWCA

우리나라 지도급 인사 서른여 명이 모인 가운데
장준하가 연단 위에 올라서서 성명서를 낭독합니다.

유신헌법을
철폐하고
민주헌법으로
개헌하라.

이로 인해 장준하는 1974년 4월 15일
'대통령 긴급조치' 위반으로 구속되었습니다.

장준하에게
징역 15년을 선고한다.

그해 12월, 건강 문제로 형 집행정지를 받아 풀려났지만 장준하의 의지는 흔들리지 않았습니다.

이 정도로 내가
꺾일 것 같은가?

그는 이전과 다름없이 민주화운동에 앞장섰습니다.

따르릉

그러던 어느 날

문 목사님.
큰일이 났습니다.

대체 무슨 일이오?

장준하 선생께서
등산하다가 그만….

그, 그럴 리가 없어.
산을 얼마나
잘 타는 사람인데….

장준하 사망

등산중 실족사

자네가 우리나라
민주주의의 희망이었는데
우리는 이제 어찌하란 말이오.

이보게. 자네는
왜 못해?

맞아. 나는
왜….

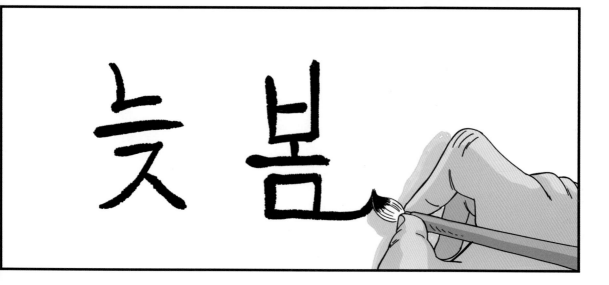

문익환을 민주화운동 으로 이끈 **사건**

문익환은 58세의 나이에 민주화운동의
한복판으로 뛰어들었어요.
그가 민주화를 위한 삶으로
걸어 나가는 데 영향을 끼친
역사적 사건들을 살펴보아요.

하나 장준하의 죽음

장준하는 청년 시절 일본신학교로 유학을 가서 문익환의 동생 문동환을 만나고 우애를 나누는 절친한 사이로 지냈어요. 그는 학도병으로 중국에 끌려갔다가 탈출해 임시정부의 한국광복군에 들어가 독립운동을 했지요. 한국전쟁이 한창이던 1953년 4월 부산 피난지에서 《사상계》 잡지를 펴내며 언론인으로 활동했어요.

전쟁이 끝난 뒤, 장준하는 기독교인들의 모임 '복음동지회'에서 문익환을 만나 깊은 교류를 하지요.

장준하는 《사상계》에 이승만 독재와 박정희 군부 독재를 향해 비판의 목소리를 거침없이 실었어요. 그러던 중 의문의 사고로 목숨을 잃었지요. 그의 죽음은 문익환에게 어떤 영향을 줬을가요?

장준하는 1964년 대일굴욕외교반대범국민투쟁위원회(범국민투위)의 초청 연사로 전국을 다니며 박정희 정권의 한일협정에 의한 굴욕 외교를 비판했어요. 대통령 명예훼손 혐의로 감옥에 갇혀 있던 1967년에는 신민당 공천으로 옥중 출마해 국회의원에 당선되기도 했

《사상계》 창간호

민주화운동을 하던 시절의 장준하 ⓒ 장준하기념사업회

지요. 1973년 10월 유신에 반대하여 통일당을 창당
하자 이듬해에 '긴급조치1호 위반'으로 징역 15년
을 선고받았다가 같은 해 12월 형 집행정지로 가석
방되었어요.

1975년 '박정희 대통령에게 보내는 공개 서한'을
발표했어요. 대통령이 즉시 민주 헌법을 만들고,
긴급조치로 구속된 민주인사와 학생을 무조건 석
방하고 자유 언론을 보장하라는 내용이었어요. 그
러던 그가 1975년 8월 17일 포천군 약사봉에서 갑
작스럽게 추락사를 당했어요. 이후 장준하의 아
내 김희숙을 비롯한 여러 사람이 추락사에 대한 의
문을 제기했지만 오랫동안 그대로 묻혀 있다가,
2012년 묘지를 이장할 때 머리뼈 함몰 흔적이 발
견되어 타살 가능성이 높다고 밝혀졌어요.

장준하의 죽음은 문익환을 민주화의 길에 앞장서
도록 이끌었어요. 대한민국의 독재정권이 일제강
점기에 일본이 우리 민족을 수탈하고 억압했던 역
사에서 한 치도 달라지지 않았다는 것을 몸소 보여
준 사건이었어요. 독재정권의 폭압 정치에 맞서 민
주화를 요구하는 사람을 가두고 죽이는 세상에서

문익환은 단 하루도 숨을 쉴 수 없었어요. 장준하
의 죽음을 목도한 쉰여덟의 문익환은 사회 지도층
의 자리에서 누릴 수 있는 편안한 삶을 버리고 가
장 낮은 자리로 내려가 핍박받는 민중과 함께 독재
정권을 무너뜨리고 민주화와 평화 통일의 선봉장
으로 우뚝 섰습니다.

 ## 전태일 열사의 분신과 죽음

청계천 평화시장에서 재단사로 일하던 청년 전태
일이 자기 몸을 스스로 불사르며 "근로기준법을
지켜라!", "우리는 기계가 아니다!", "노동자를 혹
사하지 말라."라고 외쳤어요. 전태일의 죽음은 문
익환에게 어떤 의미로 다가왔을까요?

전태일은 1948년 8월 대구에서 가난한 집안의 장
남으로 태어났어요. 한국전쟁 이후 서울로 올라와
판자촌에 살면서 일찍 가족의 생계를 책임져야 했
어요. 동대문 평화시장에서 잡일을 하다가 의류 공

전태일이 일하던 시절의 동대문 평화시장 ⓒ 한국정책방송원

장에 들어가 일했어요. 열심히 배운 덕분에 1년 만에 재단사가 되었어요. 기술이 있으니 월급도 많이 올랐어요. 그런데 주변의 여공들을 보니 긴 시간 일하면서 제대로 먹지도 못하고 먼지 많은 공장에 갇혀 지내며 낮은 임금을 받고 있었지요. 어린 여공들이 폐병에 걸려 일조차 하지 못하고 쫓겨나는 걸 보며 전태일은 화가 났어요.

전태일은 '근로기준법'이 있다는 사실을 알게 되고 공부했어요. 노동자가 인간답게 생활할 수 있도록 노동환경과 임금 등을 국가로부터 보장받을 수 있게 만든 법이었어요. 전태일은 어린 여공들의 작업 환경을 개선하고 싶었어요. 동료들을 모아 '바보회'를 만들어 평화시장의 노동환경 실태를 조사했어요. 노동청에 진정서를 내고, 박정희 대통령에게

탄원서를 보냈어요. 근로기준법이 적용되어 노동자의 생활이 개선될 수 있도록 도와 달라고 요청했지만, 그 어느 곳에서도 들어주지 않았어요.

전태일은 우리 사회가 구조적으로 잘못되었다는 것을 알았지만 자기 힘으로는 이 사회를 바꿀 수 없다는 것을 절절하게 느꼈어요. 그는 1970년 11월 13일 동대문 평화시장에서 '근로기준법' 책을 불태우고, 스스로 자기 몸을 불살랐어요. 그의 죽음으로 산업화 과정에서 기계화되고 희생당한 노동자의 삶이 드러나는 계기가 마련되었어요. 그의 죽음은 한국 노동운동과 민주화운동에 큰 영향을 주었지요. 문익환은 전태일의 죽음을 목격하고, 노동자의 권리를 보장받을 수 있도록 노동자의 벗이 되겠다고 마음먹었어요.

청계천에 있는 전태일 흉상 © wikipedia

 ## 이한열 열사의 죽음

이한열은 1987년 6월 9일 '6·10 대회 출정을 위한 연세인 결의대회' 시위 도중 연세대 정문 앞에서 경찰이 쏜 최루탄을 맞고 쓰러졌어요. 의식불명으로 세브란스 병원 중환자실로 실려 가 뇌 손상으로 투병하다가 7월 5일 죽음을 맞았어요. 7월 9일 '애국학생 고 이한열 열사 민주국민장' 장례식이 거행됐어요. 이한열의 죽음은 문익환에게 무엇을 남겼을까요?

이한열은 1966년 전남 화순에서 태어나 광주에서 초, 중, 고등학교를 마친 뒤, 1986년 연세대학교 경영학과에 입학했습니다. 이한열은 대학 교정에 마

련된 사진전에서 5·18 광주민주화운동의 충격적인 진실을 알게 되었어요. 전두환 정권의 시민 학살이 담긴 사진들을 본 뒤로, 진상규명과 책임자 처벌을 통해 민주 정부를 세워야 한다고 뼈저리게 느낀 이한열은 학생운동에 몸을 던지기로 결심했어요.

연세대학교 재학 중 동아리 '만화사랑'을 만들었어요. 만화사랑은 운동권과 만화를 좋아하는 학생들이 함께 활동하는 동아리였어요. 이한열은 학생운동에 헌신하면서도 실제로 만화를 배우는 데 열심이었습니다. 만화로 시위 현장을 그렸고, 민중미술 화가를 초청하여 배우기도 했어요.

이한열이 2학년이던 1987년 6월, 9월 '고문 살인 은폐 규탄 및 호헌 철폐 국민대회'를 앞두고 이한열은 연세대에서 열린 '6·10 대회 출정을 위한 연세인 결의대회' 시위에 나갔어요. 거기서 전투경찰이 쏜 최루탄에 머리를 맞아 혼수상태에 빠지고, 얼마 지나지 않은 7월 5일 사망했습니다. 이한열의 죽음은 6월 민주항쟁의 도화선이 되어 '호헌 철폐' '독재타도' 구호로 전국 곳곳의 시위를 뜨겁게 달궜습니다.

이한열이 군부독재가 쏜 최루탄에 맞아 목숨을 잃은 걸 보며 어떤 심정이었을까요? 이한열 장례식장 추도사에서 문익환은 피를 토하듯 그동안 군부 독재에 맞서다 죽어간 민주 열사들의 이름을 불렀어요. 문익환이 부른 그 이름들은 온 국민의 가슴에 깊숙이 새겨지며 민주화의 길을 열어 주었습니다.

지식 사전

근로기준법

전태일이 자기 몸을 불살라 가면서 지키라고 목 놓아 외쳤던 근로기준법은 대체 무엇일까요? 근로기준법은 경제적, 사회적으로 약자인 근로자들의 실질적 지위를 보호하고 개선하기 위해 일하는 조건의 최저 기준을 마련한 법입니다. 여기서 '근로자'란 어떤 직업이든 관계없이 돈을 벌기 위해 사업장에 노동을 제공하는 사람을 뜻해요.

우리나라 근로기준법에는 일할 수 있는 최저 연령이 정해져 있는데요. 15세 미만의 아동은 근로하지 못한다고 해요. 15세 이상부터 18세 미만의 미성년자는 연령 증명서와 부모나 후견인의 동의서가 있어야 일할 수 있어요. 그리고 일하기 전에는 임금과 계산 방법, 지급 방법, 근로 시간, 휴일, 업무 내용 등이 있는 근로계약서를 작성해야 해요.

1987년 7월 9일에 있었던 이한열 열사 영결식 © 공공누리

6장

필요한 곳이면 어디든지 가겠소

"

불의를 보고도

가만히 있으면

죽은 것과

마찬가지입니다.

"

1976년 2월

오늘로 3·1절 쉰일곱 돌을 맞으면서 1919년 3월 1일 전 세계에 울려 퍼지던 민족의 함성, 자주독립을 부르짖던 그 아우성이 쟁쟁히 울려 와서 이대로 앉아 있는 구국선열들의 피를 땅에 묻어 버리는 죄가 되는 것 같아 우리의 뜻을 모아 민주구국선언을 국내외에 선포하고자 한다.

제가 유신 반대에 관한 성명서 '민주구국선언'을 써 보았습니다.

돌아오는 3월 1일에 발표할 생각인데 선생님 생각은 어떠신지요?

글이 아주 좋습니다.

나도 문 목사님 뜻에 기꺼이 함께하겠소.

고맙습니다. 선생님.

함석헌 선생이 선언문에 동참하기로 하자,
문익환은 서명에 함께할 민주 인사를 만나기 위해
부지런히 돌아다녔습니다.

형님의 뜻에 당연히
동참해야죠.

저도 함께해야죠.
제게도 이런 기회를
주셔서 고맙습니다.

용기를 내 주어서
저야말로 감사합니다.

저도
함께하겠습니다.

신부님, 삼일절 미사에서
저희가 이 선언문을 발표할
시간을 허락해 주실
수 있겠습니까?

물론입니다.

1976년 3월 1일 명동성당

마지막 순서로 개신교 목사님의 기도가 있겠습니다.

단상에 오른 사람은 문익환 목사가 아니라 이우정 서울여대 교수였습니다.

3·1 민주구국선언.

오늘로 3·1절 쉰일곱돌을 맞으면서 우리는 1919년 3월 1일 전 세계에 이 민족의 함성, 자주독립을 부르짖던 그 아우성이 쟁쟁히 울려 와서

이대로 앉아 있는 것은 구국선열들의 피를 땅에 묻어 버리는 죄가 되는 것 같아,

우리의 뜻을 모아 '민주구국선언'을 국내외에 선포하고자 한다.

첫째, 우리나라가 민주주의 기반 위에 다시 서야 한다.

둘째, 경제 발전이라는 명분으로 국민에게 희생만 강요하는 정책을 중단해야 한다.

셋째, 남북의 평화통일은
우리의 지상 과제인데
민주주의를 포기하면
그것도 포기하는 것이다.

선언 다음 날부터 유신정권은 민주구국선언에 서명한
사람들을 차례차례 체포하여 중앙정보부로 끌고 갔습니다.
문익환은 선언문 작성자라는 사실이 밝혀지고 난
3월 3일에 체포되었습니다.

문익환 씨. 그런
불순한 글을 쓰고도
멀쩡할 거라 생각했소?

예상했소.
하지만 장준하 동지의 길을
가게 되어 기쁠 따름이오.

유신정권은 3·1 민주구국선언에 관련된 사람들을 국가 전복 세력으로 규정하고 구속했습니다.

한편, 밖에서는 구속자의 부인들을 비롯해 민주주의를 염원하는 사람들이 석방 시위를 벌였습니다.

피고 문익환에게
징역 5년을 선고한다.

문 목사님 단식이
벌써 보름째라고 해.

민주주의를 위한
단식이라지만 목숨이
위험할 텐데….

가족들은
오죽하겠어.

어쩌랴. 내가 지금
독재정권과 싸울 수 있는
수단이 고작 이 정도인 것을….

면 회 실

아버지! 단식을 제발
끝내 주세요, 흑.

너희들 마음은 잘 안다. 하지만 나는 이 나라가 진정한 민주주의를 할 때까지 단식을 멈출 생각이 없다.

가족의 설득에도 문익환은 단식을 이어 갔습니다.

동주야. 몽규야.

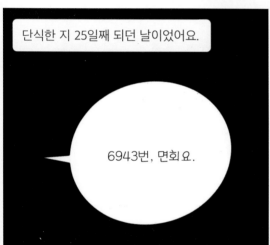

단식한 지 25일째 되던 날이었어요.

6943번, 면회요.

많이 야위었구나.

어머니, 전태일 어머니를 만나 주세요. 위로가 될 겁니다.

네 뜻은 잘 안다.

네 아버지도 한국 민주주의와 감옥에 갇힌 두 아들의 석방을 요구하며 자결하려고 했다.

아, 아버지께서!

그러다 크게 뉘우치고 그만두었다. 그게 무슨 뜻인지 잘 생각해 보거라.

아….

몸이 건강해야 더 열심히 싸울 수 있는 게 아니냐.

민주주의는 여러 사람의 피땀으로 오랜 시간에 걸쳐 얻어 내는 것이다.

그걸 한 번에 해결하려 했던 나는 얼마나 어리석고 오만한가.

138

문익환은 단식을 멈추기로 했습니다.

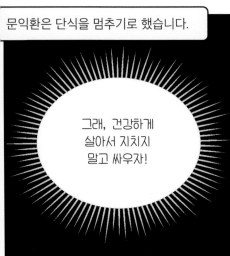

그래, 건강하게 살아서 지치지 말고 싸우자!

이보게. 내가 살아서 박정희와 싸우기로 마음을 바꿨어. 미안하지만 미음 한 그릇 부탁하오.

아, 알겠습니다.

문익환은 첫 구속 뒤 다음 해인 1977년 12월 31일, 형 집행정지로 22개월 만에 감옥에서 나왔습니다.

감옥을 나와서도 문익환은 민주화운동을 멈추지 않았습니다.

유신헌법은 민주주의를
말살시키는 법입니다!

아이고,
선생님.

거봐.
내가
또 볼 거라
했지?

그때 교도소는 냉난방 시설이 없어 겨울에는
몸이 얼고 여름에는 모기에 뜯기며 지냈습니다.

그러나 문익환은 이 고난을 기쁨으로 받아들였습니다.
교도소에서의 일상은 아내 박용길과 나눈 편지에 담겨
있습니다.

'여기 오지 못했다면 하느님을
제대로 알지 못했을 것입니다.'

탕 탕 탕

1979년 10월 26일, 박정희 대통령이 김재규 중앙정보부장이 쏜 총에 맞아 숨을 거두었습니다.

영원할 것 같던
독재자가 이리
허망하게 갔구나.

박정희 대통령이 죽고 나서 문익환은 형 집행정지로 풀려났습니다.

독재자가 사라졌으나, 신군부가 힘을 키우고 있으니 걱정이 앞섭니다.

1979년 12월 12일, 신군부의 군사 반란이 일어났습니다.

전두환을 중심으로 한 하나회 군인들이 쿠데타를 일으켜 정권을 장악했습니다.

독재에 신음하던 많은 사람이 민주주의를 채 누리기도 전에 또 다른 독재자가 등장한 것입니다.

이듬해 봄 수많은 사람이 거리로 몰려나와 시위를 벌였습니다.

문익환을 내란 음모 혐의로 체포한다!

전두환은 비상계엄을 선포하고 김대중, 문익환과 같은 민주 인사와 학생 등을 내란을 기획했다는 혐의를 꾸며 내어 체포했어요.

문익환이 끌려간 곳은 합동수사본부 지하감옥이었어요.

밖에서는 대체
무슨 일이….

그사이 광주에서는 비상계엄을 해제하고
구속된 사람을 석방하라는 시위가 이어졌습니다.

타
타
타
타이

감옥에 갇힌 문익환은
아무런 소식도
들을 수 없었습니다.

김대중 및 내란 음모에 가담한 주동자들에게 판결을 내린다.

김대중 사형!

피고 문익환에게 징역 20년을 선고한다.

말도 안 되는 판결이다.

조작된 사건이 분명해!

봄이 올 줄 알았는데 더 큰 겨울이 왔구나.

형이 확정된 뒤로
문익환은 단식으로
저항하기도 하고,

5월에 있었던 광주의 진실을 뒤늦게
알고 통곡하기도 했습니다.

주님, 어떻게
이런 일이….

2년이 지난 1982년 12월 8일,
형 집행정지로 나오게 된 문익환은

광주민주화운동 이후 움츠러들었던 민주 세력들을 한 깃발 아래 모이게 하는 데 힘을 쏟았습니다.

그리하여 1985년 민주화를 열망하는 국민들의 뜻을 모아
민주통일민중운동연합(민통련)이라는 거대한 단체를 만들었습니다.

우리는 한 줌도 안 되는
지배 세력의 부와 권력을
독점하는 나라가 아니라
대다수 민중이 정치적 자유를
누리는 나라를
만들기 위해 싸울 것이다.

불의를 보고도
가만히 있으면
죽은 것과 마찬가지입니다.
좋은 것은 좋다,
나쁜 것은 나쁘다고
말할 수 있는 게 민주주의입니다.

문익환은 그가 필요한 곳이면 어디든 달려갔습니다.

문익환은 선동 혐의로
또다시 구속되었습니다.

아무리 나를 가두어도
민주화의 불길은
더욱 커질 것이다.

1987년 1월, 서울대 학생 박종철 군이
고문받다가 사망하는 사건이 생겼습니다.
이에 많은 사람들이 분노하여 거리로 나왔습니다.

살인마
전두환은
물러가라!

고문 은폐
규탄한다.
진상을
밝혀라!

박종철을 두 번 죽이지 마라

고문없는 세상에서 살고 싶다

살인고무

이 과정에서
연세대학교 학생
이한열 군이
최루탄에 머리를 맞아
숨지는 사건이
터졌습니다.

이한열
열사여!

국민들의 분노는 걷잡을 수 없이 커졌습니다.

호헌 철폐!
독재 타도!

살인마 전두환은
물러가라.

민주주의 만세!

1987년 6월 29일, 결국 당시 집권당이었던
민주정의당의 대통령 선거 후보 노태우는
헌법을 고쳐 국민 직접 투표로 대통령을
뽑겠다는 선언을 발표합니다.

노태우 대통령 당선

피로 얻어 낸 민주주의인데 군부 세력이 다시 당선되다니….

하지만 늦을지언정 봄은 반드시 오고야 만다.

문익환은 가장 낮은 곳으로, 그가 필요한 곳이면 어디든 갔습니다.

북의 지령을 받은
빨갱이들이
준동한다.

우리나라를
공산화하려고
한다.

휴….

그러고 보면
남북의 독재정권은
한결같이 분단된 현실을
악용하여 독재 체제를
유지하고 있다.

언제까지 이 아까운
젊은이들이 민주화를
부르짖으며 목숨을
내던져야 할까?

저 젊은이들의
죽음을 막아야 한다.

난 올해 안으로 평양으로 갈 거야.
기어코 가고 말 거야.
이건 잠꼬대가 아니라고. 농담이 아니라고.

- 문익환, 〈잠꼬대 아닌 잠꼬대〉 중에서

남북분단과 통일

오천 년 역사를 이어온 한민족이
강대국들에 의해 남북으로 갈라져
한국전쟁을 치렀고, 따로 산 지
80년이 다 되어 갑니다.
우리 민족이 하나가 되는
남북통일의 그날은 언제쯤 올까요?

하나 남북분단의 과정

1945년 8월 15일 광복 이후 일제가 물러가자, 이번에는 연합군 미군과 소련군이 한반도의 남과 북에 점령군으로 들어와 38선을 그었어요. 우리나라의 민주 정부 구성을 강대국이 결정하는 상황은 왜 일어난 것일까요? 해외에서 임시정부를 이끌었던 독립지사들은 어디로 갔을까요?

우리나라가 해방되자 임시정부 지도자들이 들어와 여운형을 중심으로 건국준비위원회를 구성하였고 조선인민공화국을 선포했지만, 미군정이 인정해 주지 않아 해체되었어요.

1945년 12월 모스크바에서 열린 미국, 영국, 소련, 중국, 네 국가의 회의에서 한반도의 '통일 임시정부 수립'에 관

신탁통치 반대 운동 © wikipedia

해 논의했어요. 여기서 길게는 5년까지 신탁통치 하기로 결정하고 합의문을 공식으로 발표했지요. 한반도의 모든 정치 세력이 한목소리로 신탁통치에 반대했습니다.

이듬해 북쪽에서는 소련의 지지를 얻은 김일성이 신탁통치에 찬성하였고, 반대하는 민족주의 세력들을 숙청했어요. 남쪽에서도 좌익과 우익의 대결 구도가 확고해졌어요. 미군정은 여운형과 김규식이 이끄는 '좌우합작운동'을 지원했어요. 한편 이승만은 남한 단독정부 수립론을 내세웠어요.

1947년 미국이 '반공주의' 노선을 채택하였고, 통일 임시정부 수립 건으로 '미소공동위원회' 회의가 열렸으나 결렬되었지요. 7월에는 여운형이 암살당하면서 '좌우합작운동'은 해체되고 말았어요.

1948년 4월, '남북대표자연석회의'가 열렸어요. 북쪽이 단독정부를 세우려 한다는 것을 알고는 김구가 단상에 올라가 연설했어요.

"38선을 해체해야 합니다. 현 단계에서 우리의 최대 과업은 통일 독립을 이루는 것입니다. 그러므로 단독선거와 단독정부 수립을 분쇄합시다."

하지만 회의는 별다른 성과 없이 끝났어요. 5월 10일 유엔한국임시위원단의 감시 아래 남한만의 총선거가 치러졌으며, 최초로 대한민국 제헌국회가 구성되었습니다. 국회는 헌법을 제정하여 공포하고 초대 대통령으로 이승만을 선출했어요. 1948년 8월 15일에는 대한민국 정부 수립을 선포했어요. 9월에는 북한에서 조선민주주의인민공화국 정부가 수립되었어요.

1949년 6월 26일 경교장에 있던 김구가 암살당합

남한 총선거 © wikipedia

니다. "나의 소원은 우리나라 대한의 완전한 자주독립이요, 독립된 나라의 문지기로 살고 싶다."고 했던 임시정부 주석 김구의 장례식은 온 국민의 슬픔 속에 긴 행렬로 치러졌어요. 그로부터 1년 뒤, 한국전쟁이 일어났어요.

🗨️둘 한국전쟁

1950년 6월 25일 새벽 4시, 북한군이 선전포고도 없이 38선을 넘어 남한으로 들어왔어요. 조선민주주의인민공화국을 세운 김일성은 한민족을 통일한다는 명분으로 전쟁을 일으켰어요.

전쟁은 남한을 지원하는 16개국 유엔 연합군과 북한을 지원하는 소련군, 중공군이 참전하여 한반도에서 제3차 세계 대전을 치르는 것 같았어요. 1953년 7월 27일 정전협정을 맺으며 한국전쟁은 끝이 났지만, 70여 년이 지난 지금까지도 남북이 단절

되어 만날 수 없습니다.

광복 이후 강대국의 신탁통치가 없었다면, 미국과 소련의 냉전 시대가 아니었다면 우리나라는 어땠을까요?

이처럼 한국전쟁은 국제적 이해관계 속에서 발생한 비극이지요. 한국전쟁은 크게 4단계로 나뉘어요.

1단계는 전쟁 초기 북한군이 총공격으로 대구와 부산 지역을 제외하고 전국을 점령한 시기입니다. 2단계에는 유엔군이 인천상륙작전으로 밀고 들어와 이북의 압록강변까지 진격했어요. 3단계는 중공군의 개입으로 38선 아래까지 후퇴했으나 서울과 중부 전선을 회복한 시기이며, 4단계는 휴전 협정 시기입니다.

3년 1개월 동안 이어 온 전쟁으로 한반도가 초토화되었어요. 한국전쟁 동안 남과 북을 합해 500만여 명이 죽거나 부상을 입은 것으로 파악되었어요. 한

한국전쟁 때 피난하는 소녀와 아기 © wikipedia

국전쟁은 앞으로 어느 한쪽의 공격만으로 통일될 수 없다는 것을 보여 줬어요.

전쟁의 가장 큰 비극은 동족끼리 적이 되어 총부리를 겨눈 것입니다. 뼛속 깊이 스며든 분노와 증오에서 벗어나 용서와 화해를 통해 평화 통일로 가는 길을 찾아야 할 때예요.

셋 통일을 위한 남북의 노력

1970년대로 접어들자, 미국이 긴장 완화 정책으로 국제 정세를 전환하여 중국과의 관계를 개선하였어요. 그러자 우리나라도 남북한끼리 선의의 경쟁을 하자고 제안하였지요.

1971년 대한적십자사가 남북이산가족 찾기를 위한 '남북적십자회담'을 여러 차례 열었어요. 이를 계기로 협상의 길을 연 남북한 당국은 7.4남북공동성명을 발표했어요. 자주통일, 평화통일, 민족대단결의 3대 원칙을 만들어 통일 문제 협의를 위한 '남북조절위원회 설치'에 합의하였어요.

남북한 단일팀을 구성하여 국제대회에 출전하였고, 서울과 평양에서 남북한 축구 경기를 돌아가며 개최했지요.

1989년 1월 1일 신년사에서 김일성 주석이 '남북정치협상'을 제의하며 남한 당대표들과 민간 단체 지도자들을 초청했어요. 남한에서 통일 운동이 탄압받던 3월, 문익환은 남북 대화를 위해 북한에 방문했어요. 김일성과 회담을 통해 연방제 전에 경제·문화교류협력 단계를 도입하는 것을 합의하였어

요. 이를 계기로 여러 분야의 교류가 활발히 이루어지기 시작했지요. 6월에는 전대협 대표 임수경이 평양에 가서 '제13차 세계청년학생축전'에 참가하고 문규현 신부와 함께 판문점으로 귀환했어요. 1991년에는 유엔 동시 가입이 진행되었으며, 남북한 사이에 한반도 비핵화에 관한 공동선언이 이뤄졌어요.

1998년 정주영 현대그룹 명예회장이 소 1,001마리를 이끌고 판문점을 넘어 북한을 방문했어요. 이를 통해 북한 금강산 관광이 시작되었고 민간 교류의 물꼬를 텄어요. 2000년 6월, 분단 이후 최초로 김대중 대통령이 평양을 방문하여 김정일 국방위원장을 만났고 남북정상회담이 열렸어요. 그 회담에서 남북 경제 교류를 위해 개성공단을 열기로 합의했어요. 2007년에는 노무현 대통령이 평양에서 2차 남북정상회담을 가졌고, 2018년에는 문재인 대통령이 김정은 국방위원장과 만나서 3차 남북

정상회담을 열었어요. 그 결과 '한반도 평화와 번영, 통일을 위한 판문점 선언'이 발표되었어요. 그 뒤로 4차, 5차에 걸쳐 남북정상회담이 열려 남북 사이의 군사적 긴장 해제와 민간 협력 등 다양한 분야의 논의가 이루어졌어요.

지식 사전

민주통일민중운동연합

민주통일민중운동연합(이하 민통련)은 1985년 9월 민주화운동 관련 단체들의 연합 기구로 결성되었어요.

광복 이후로 가장 폭넓게 연합한 단체인 민통련은 '국민들의 민주화 열망에 부응하여 범민주세력의 전열을 정비하고, 군사독재 종식을 위한 민주, 인권, 민족 통일 운동에 총력을 기울일 것'을 결의하였습니다. 민통련의 과제는 민주화와 민족 통일이며, 그 주체는 민중이어야 한다는 노선을 분명히 하였지요.

기관지 〈민주통일〉과 신문 〈민중의 소리〉를 통해 국민들에게 민주화운동을 알렸으며, 노동자, 농민, 철거민 등의 생존권 투쟁을 적극 지원하였습니다.

2018년 남북정상회담으로 판문점에서 만난 문재인 대통령과 김정은 국무위원장 © 대한민국 청와대

7장

남북 화해의 물꼬를 트다

"

얼음이 녹아야

봄이 오는 게 아니라

봄이 와야 얼음이 녹습니다.

통일도 자연의

이치와 같습니다.

"

1989년 3월 25일, 문익환을 태운 비행기가 중국에서 평양으로 향했습니다.

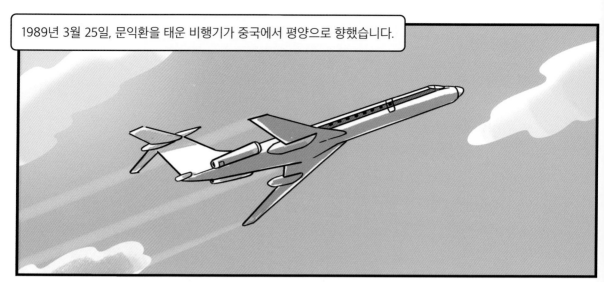

우리 민족이 분단된 지 44년,
피 흘려 싸운 지 40년이 다 되어 간다.

우리에게 분단을 강제한
냉전 체제가 끝나 간다.
이제 우리 민족이 손잡고
분단을 극복해야 해.

남북은 하나!
만나자! 6·10 판문점에서

전쟁 때는 태어나지도 않았던
젊은이들도 통일을 염원하는데….

분단에 책임 있는 우리 세대가
이대로 가만히 있는 것은 부끄러운 일이다.

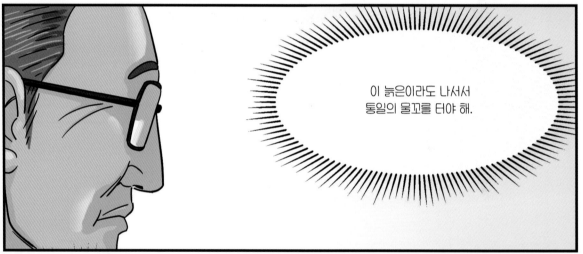

이 늙은이라도 나서서
통일의 물꼬를 터야 해.

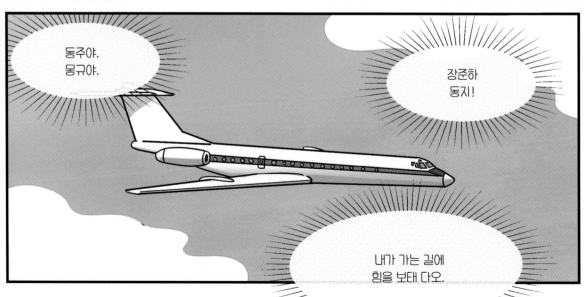

동주야.
몽규야.

장준하
동지!

내가 가는 길에
힘을 보태 다오.

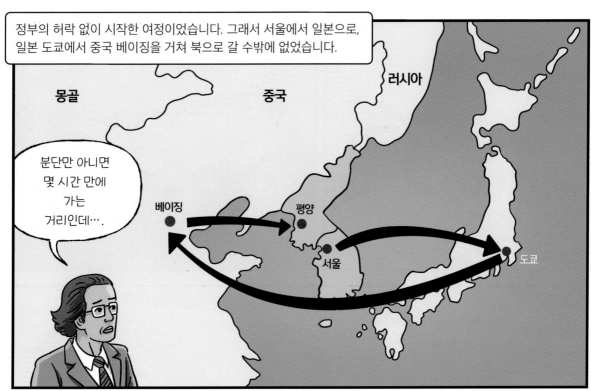

정부의 허락 없이 시작한 여정이었습니다. 그래서 서울에서 일본으로, 일본 도쿄에서 중국 베이징을 거쳐 북으로 갈 수밖에 없었습니다.

몽골

중국

러시아

분단만 아니면 몇 시간 만에 가는 거리인데….

베이징

평양

서울

도쿄

문익환은 이 방북으로 또 구속되더라도 일단 북측을 만나 통일의 물꼬를 터야 한다는 사명감으로 두려움을 떨쳐 냈습니다.

반갑습니다!

수많은 북한 주민의 환영 속에 문익환 일행은 북으로 온 소감을 말했습니다.

민족의 분단을 막고 남북의 동족이 피로써 피를 씻는 참담함을 떨쳐 보고자 김구 선생이 삼팔선을 넘은 지 41년의 세월이 지났습니다.

우리는 이제 '하늘을 우러러 한 점 부끄럼 없기를' 바랐던 윤동주의 말, '모든 통일은 선'이라고 외쳤던 장준하의 마음을 안고 김일성 주석을 만나고자 합니다.

문익환은 김일성을 직접 만나 두 차례에 걸쳐 회담을 가졌습니다.

반갑습니다.

어서 오시라요.

두 사람은 자주, 평화 통일, 민족 대단결이라는 3대 원칙을 바탕에 두고 통일 문제를 풀어 나가야 한다는 데 뜻을 같이했습니다.

분단 50년은 넘기지 맙시다.

그리고 남북에 자치 정부를 두되 외교 국방을 세우자는 북쪽을 설득하여, 협상을 통해 단계적으로 통일해 나가자는 한국 정부의 주장에 북한도 동의하도록 했습니다.

그 결과 4·2공동성명을 발표했습니다.

7·4남북공동성명을 계승한다.

연방제를 점진적, 단계적으로 추진한다.

남북간 경제, 사회 문화 교류를 하고 정치·군사 회담을 병행 추진한다.

남북 언어가 많이 달라져 서로 소통이 어려우니 남북공동국어사전을 만든다.

문익환은 이 합의가 남북 당국이 회담을 할 때 논의의 기초가 된다며 남한 정부에 건의한다는 뜻을 분명히 했습니다.

4·2공동성명의 내용은 11년 후인 2000년 6·15남북공동선언에 그대로 반영되었습니다.

이후 문익환은 북한 땅 여러 곳을 돌아다녔습니다.

얼마 만에 다시 보는 대동강인가!

대동강변은 문익환이 숭실중학교를 다닐 때 윤동주와 함께 거닐던 곳이었습니다.

수십 년 동안 헤어진 채 생사조차 모르던 친척들도 만나 기쁨의 눈물을 흘렸고

연극을 보다가 분단된 현실에 가슴이 아파, 무대에 선 아이들을 안아 주기도 했습니다.

우표까지 붙였는데 왜 편지를 못 부치는 거야? 광주에 계신 우리 할아버지한테 보내야 하는데….

휴전선 때문이래.

얘들아, 그 편지 날 다오. 내가 가져다 드릴게.

문익환 일행은 9일 동안의 평양 방문을 마치고 베이징과 도쿄를 거쳐, 1989년 4월 13일 한국으로 돌아왔습니다.

공항에서 그를 기다리고 있던 것은 차디찬 수갑을 든 경찰과 감옥이었습니다.

피고는 허락 없이 민족의 원수 김일성을 만났지요?

그렇습니다.

그것도 모자라 김일성에게 존칭을 쓰는 등 찬양하는 모습을 보였습니다.

그럼 사이 좋게 지내자고 갔는데 욕이라도 해야 한단 말입니까?

대화하려면 상대를 인정하고 존중하는 게 먼저입니다. 서로를 원수처럼 대하면 통일을 이룰 수 없습니다.

북한은 공산당 독재 체제요. 통일을 논의하려면 북쪽의 독재자부터 사라져야 하는 것 아닙니까?

얼음이 녹아야 봄이 오는 게 아니라 봄이 와야 얼음이 녹습니다. 통일도 자연의 이치와 같습니다.

피고 문익환에게
징역 7년을
선고한다.

땅
땅

하지만 민간 단위에서 어렵게 뚫은 통일의 물꼬를
정부는 가로막았고, 문익환은 크게 실망했습니다.

흐흐흑.

그렇다고 통일의
열망까지
꺾일 수는 없지.

1990년 10월 20일, 문익환은 형 집행정지로
풀려나면서 이렇게 말했습니다.

통일은 이제
아무도 막을 수 없는
대세가 되었다.

문익환은 감옥에서 나온 뒤로도 자기가 필요한 곳이면 어디든 가서 힘이 되어 주었습니다.

사회는 아직 완전한 민주화를 이루지 못한 채 군부 정권과 싸우고 있었습니다.

노태우 정권 물러가라!

공안 통치 철폐하라!

경찰은 이를 무자비하게 진압했습니다.

이 과정에서 명지대학교 강경대 학생이 쇠몽둥이에 맞아 죽었습니다.

문익환은 가만히 앉아 지켜볼 수 없었습니다.

범국민
대책회의
의장
문익환입니다.

그 와중에 전국 곳곳에서 학생과 노동자들이
목숨을 던져 정부에 항의하였습니다.

더 이상 죽어서는
안 됩니다.
이 나라를 위해
살아야 합니다.

문익환은 학생과 노동자들에게
울며 호소했습니다.

여러분이
이 땅의 희망인데
사라져 버리면
무엇이 남습니까?

문익환 씨?

그렇소만.

그러다 형 집행정지가 취소되어 문익환은 다시 감옥에 갇히게 되었어요.

여섯 번째 투옥인가….
하느님, 제게 이런
축복의 시간을 주셔서
감사합니다.

오히려 문익환은 하느님께 감사를 드렸습니다.

봄이
오려나.

시간이 흘러
1993년 3월,
김영삼이
새로 대통령으로
취임하면서
특사로 풀려나게 됩니다.

또한 김일성 주석과 만나 남북정상회담을 할 것입니다.

암, 그래야지. 당연히 그래야지.

해야 할 일이 많구나.

문익환은 정부의 노력과는 별개로 민간 차원의 통일 운동도 중요하다고 생각해서 열심히 뛰어다녔습니다.

저마다 갈라진 통일 운동 단체를 하나로 합치고 정부, 보수 단체와도 함께해야 한다고 주장했습니다.

헉!

그러던 어느 추운 겨울날.

문익환은 사무실을 나서다
가슴에 통증을 느꼈습니다.

헉헉!

병원에 들렀지만, 피 흘리는 중환자들을 보고는 먼저
그들을 치료하라며 그냥 집으로 돌아갔습니다.

그리고 그날 저녁 8시 20분, 1994년 1월 18일
76세를 일기로 숨을 거두었습니다.

아이고,
여보!

목사 문익환

그의 갑작스러운 사망 소식을 듣고 각계각층에서 한신대학교 분향소로 몰려들었습니다.

어려움에 닥칠 때마다 문익환이 가장 먼저 달려와 힘을 보태 주었던 것을 기억하는 노동자, 철거민, 농민들이 서럽게 울었습니다.

선구자 고 늦봄 문익환목사

173

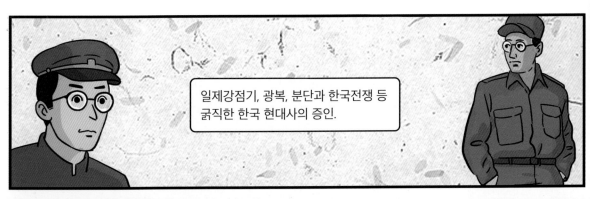

일제강점기, 광복, 분단과 한국전쟁 등 굵직한 한국 현대사의 증인.

성실한 신학자에서 뒤늦게 민주화를 이루기 위해 뛰어든 민주화운동가.

가장 낮은 사람들이 필요로 하는 곳이면 어디든 달려갔던 노동, 빈민 운동가.

그리고 겨레의 통일을 위해 두려움 없이 뛰어들었던 통일 운동가 문익환의 마지막 모습이었습니다.

그를 기리는 많은 사람의 애도 속에 문익환은 떠나갔지만, 그의 정신은 여전히 우리 안에 살아 있습니다.

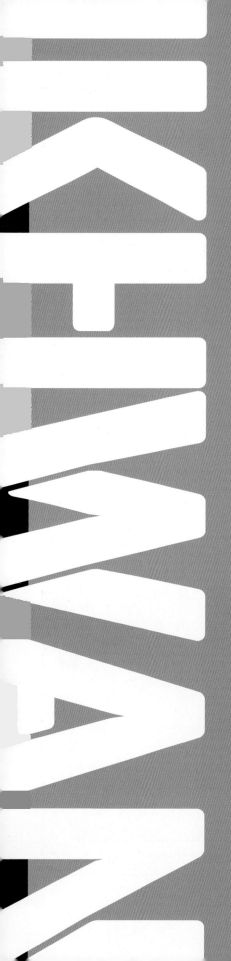

생각해 보기

> 책을 다 읽은 뒤 내용을 되새기고
> 생각하는 시간도 필요합니다.
> 책에 대해 주변 사람들과
> 함께 이야기 나누면 더욱 좋아요!

민주화와 민족 통일을 위해 헌신한
'문익환'이 궁금해!

문익환은 우리나라의 민주화와 민족 통일을 위해 온몸으로 산 실천가였어요. 신학자로 보장된 안락함을 버리고 독재 정권의 폭력으로 고통받는 민중과 함께 앞장서 투쟁할 수 있었던 원동력은 무엇일까요?

불의에 굴복하지 않는 정의감과 끝까지 항거한 용기

문익환은 해방 뒤부터 목사, 신학자, 대학교수, 공동성경 번역자로서 성실하고 책임감 있게 지냈어요. 일제강점기와 남북 분단으로 이어지는 폭력의 역사에 극렬히 저항하는 삶을 살기보다 묵묵히 그리스도의 길을 따라 걸어왔지요. 하지만 군부 독재 정권의 폭력에 맞서던 친구 장준하를 잃고 난 뒤 그는 자기 삶에 대해 스스로 질문했어요. '싸울 것인가, 회피할 것인가.' 돌아온 답은 '저항의 길'이었어요.

장준하의 영결식 장례위원장을 맡은 문익환은 전혀 다른 사람이 되어 있었어요. 그는 불의와 맞서 싸워 정의로운 세상을 만드는 길로 뚜벅뚜벅 걸어갔어요. 문익환은 고요한 평화 밑에 뜨거운 정의를 담아 둔 사람이었어요. 가슴 밑바닥에 눌러 둔 정의가 용솟음쳤어요.

문익환은 유신독재 정권의 방해를 뚫고 '한국기독교교회협의회 인권위원회'에서 목요기도회를 열었어요. 첫 설교에서 독재 정부를 맹렬하게 비판하자 곧장 중앙정보부에 끌려가 협박을 받았지요. 하지만 그는 끄떡없었어요. 문익환은 불의와 타협하지 않으며 어떤 탄압에도 굴하지 않고 뚝심 있게 정의로운 길을 걷겠다고 용기를 냈습니다.

뜨거운 신학자이자 시인, 평화주의자

문익환은 신학자로 8년 동안 '신·구교 공동구약번역' 책임위원을 지내며 구약성서를 번역했습니다. 구약성경의 상당 부분이 시로 쓰였다는 걸 알고 시 공부를 하다가 시인이 되었지요. 문익환은 첫 시집 《새삼스런 하루》를 출간하고 이후 다섯 권의 시집을 냈어요. 한편 그는 이렇게 얘기했습니다.

"저는 민주는 민중의 부활이요. 통일은 민족의 부활이라고 믿는 사람입니다."

뜨거운 신학자이자 시인 문익환은 민중과 민족의 부활을 꿈꾼 거예요. 그는 이 땅에 폭력과 분단이 사라지고 진정한 민주화와 통일이 오기를 간절히 바라는 평화주의자였어요.

민주화·통일 운동가로 문화적 자양분을 후대에 전하다

민주 인사들이 명동성당에서 57주년 3·1절 기념 행사를 가진 1976년, 문익환은 '3·1민주구국선언'을 썼어요. 3·1민주구국선언의 내용은 이와 같았어요.

'국방력도 경제력도 길러야 하지만 민주 역량의 뒷받침이 없을 때 그것은 모래 위에 세운 집과 같다.'

'변해 가는 국제 정세를 유도해 가면서 때가 왔을 때 이를 놓치지 않고 과감하게 잡을 수 있는 슬기와 용기를 가져야 한다.'

'유신헌법 철폐 긴급조치 해제를 넘어 박정희 정권의 퇴진을 요구한다.'

이 사건으로 첫 구속이 된 문익환은 고난의 가시밭길을 걸었지요. 장준하의 의문사 이후 1994년 숨을 거두기 전까지 민주화운동에 헌신하는 동안 18년 동안 여섯 차례 옥고를 치르고 나왔습니다. 1989년 4월에는 북한 김일성 주석의 초청을 받고 북한에 가서 '조국평화통일위원회'와 공동성명을 발표했어요. 문익환은 민족의 통일을 위해 그 누구도 가지 않은 새길을 열었어요. 그의 민주화와 민족 통일을 향한 거침없는 실천은 후대에 문화적 자양분이 되었어요.

다시 만난 친구

글·그림 김한조

문익환 연표

- 1918년 6월 1일 북간도 명동에서 출생

- 1925년 명동소학교 입학

- 1929년 문예 잡지 〈새 명동〉 발간

- 1931년 명동학교 졸업. 용정으로 이주

- 1933년 은진중학교 입학

- 1935년 평양 숭실중학교 4학년 편입

- 1936년 신사참배 문제로 시위 및 숭실중학교 퇴학 뒤 광명중학교로 편입

- 1937년 광명중학교 졸업

1918~1932

1933~1937

1950~1975

1976~1982

- 1950년 한국전쟁 때 유엔군에 자원해 유엔극동사령부 근무 미군을 대상으로 한 한국어학교 교장 재직

- 1955년 한빛교회 목회 활동, 한신대학교 교수 재직

- 1968년 신구교 공동번역 책임위원으로 8년 동안 일함.

- 1973년 첫 시집 《새삼스런 하루》 출간 호를 '늦봄'으로 지음.

- 1976년 3·1 민주구국선언 발표. 긴급조치 9호로 구속되어 최초의 수감 생활 시작

- 1977년 전주교도소에서 '나라와 민족의 장래를 위한 옥중 단식' 단행

- 1978년 10월 13일 유신헌법의 비민주성 폭로. 두 번째 수감 생활

- 1980년 내란 예비 음모 죄로 구속 및 세 번째 수감 생활

1938년 도쿄 일본신학교 입학

1943년 학병 거부. 만주 봉천신학교로 전학

1944년 박용길과 결혼

1947년 조선신학교(지금의 한국신학교) 졸업하고 목사 안수 받음. 복음동지회 설립

1949년 미국 프린스턴신학교 유학

1938~1949

1983~1987

1988~1994

1983년 '고난받는 사람을 위한 갈릴리교회'
　　　담임 목사를 맡아 함.

1985년 민주통일민중운동연합(민통련) 결성 및
　　　의장을 맡아 함.

1986년 대학교에서 강연한 것이 선동죄로
　　　지명수배. 네 번째 수감 생활

1987년 7월 8일 형 집행정지로 출옥 뒤
　　　이한열 장례식에서 추모사 함.

1988년 민통령 의장으로 재추대

1989년 김일성 초청으로 방북. 조국평화통일위원회와
　　　공동성명 발표, 귀국 뒤 구속. 다섯 번째 수감 생활

1991년 당국의 재수감 협박을 무릅쓰고 강경대 열사
　　　장례위원장을 맡아 함. 여섯 번째 수감 생활

1993년 통일맞이 칠천만 겨레모임 운동 제창

1994년 1월 18일 세상을 떠남.

나라면 이렇게 했을 거야!

첫 번째 상황!

1975년 8월 17일, 문익환은 장준하가 사망했다는 소식을 들었어요. 문익환은 그의 장례를 치르며 박정희 유신독재를 비판했어요. 정권을 비판하는 말만 해도 중앙정보부에 끌려가 고문을 당하고 감옥에 갇히던 시대였어요.

만약 나라면 권위 있는 신학자로서 안전한 길을 걸을 것인지, 민주화 운동의 험난한 길로 들어설 것인지 생각해 보아요.

그리고 그 선택을 한 이유를 써 보아요.

나라면…

_____

_____

_____

_____

_____

_____

_____

_____

두 번째 상황!

1989년 3월 25일, 문익환은 북한 김일성 주석의 초대를 받고 북한을 방문하였어요. 김일성의 '남북정치협상회의' 제의로 이루어진 만남이었어요. 문익환은 김일성을 만나자 두 팔을 벌리고 힘껏 안았어요. 남북이 갈라져 경계선에서 한 발짝도 넘어갈 수 없었지만, 문익환은 통일의 염원을 안고 경계를 넘어 북한의 최고 지도자를 만났답니다. 그 뒤부터 여러 번 남북정상회담이 열리면서 한반도의 남북 관계가 평화의 길로 나아갈 수 있었지요.

만약 나라면 남북간 만남의 자리에서 무슨 이야기를 나누고 싶은지 써 보세요.

나라면…

_____

_____

_____

_____

_____

_____

_____

문익환 시인처럼 '가고 싶은 곳' 상상하며 시 쓰기

잠꼬대 아닌 잠꼬대   문익환 시

난 올해 안으로 평양으로 갈 거야
기어코 가고 말 거야 이건
잠꼬대가 아니라고 농담이 아니라고
이건 진담이라고

……(중략)

이 땅에서 오늘 역사를 산다는 건 말이야
온몸으로 분단을 거부하는 일이라고
휴전선은 없다고 소리치는 일이라고
서울역이나 부산, 광주역에 가서
평양 가는 기차표를 내놓으라고
주장하는 일이라고

……(중략)

난 걸어서라도 갈 테니까
임진강을 헤엄쳐서라도 갈 테니까
그러다가 총에라도 맞아 죽는 날이면
그야 하는 수 없지
구름처럼 바람처럼 넋으로 가는 거지

문익환의 시 〈잠꼬대 아닌 잠꼬대〉를 읽고 어떤 생각이 드나요? 이 시의 화자는 무슨 일이 있더라도 평양으로 갈 거라고 말해요. 어디로든 갈 수 있는 지금 시대에 우리가 갈 수도 볼 수도 없는 땅이 딱 한 군데 있어요. 북한이에요. 문익환은 남한과 북한을 가로막은 휴전선을 없애고 남북을 자유롭게 오가게 하기 위해 온갖 노력을 다하지요. 여러분도 너무 가고 싶지만 갈 수 없는 곳이 있나요? 그곳을 상상해 보고 시를 써 보아요.

제목 _____ 시

문익환 삶의 궤적을 따라
민주화운동 알아보기

문익환은 쉰여덟 살이던 1976년부터 1994년 일흔여섯 살 나이로 세상을 떠날 때까지 우리 나라의 민주화를 이루기 위해 갖은 애를 다했어요. 문익환의 삶 곳곳에는 우리나라 민주화 운동이 관련된 굵직한 사건들이 새겨져 있지요. 지금부터 문익환 삶에 관한 이야기를 읽고 어떤 사건들이 있었는지 알아보아요.

문익환이 한국신학대학의 교수로 지내면서 여러 신학자와 함께 '공동번역성서' 작업이 한창 이던 1970년 11월, 평화시장 재단사로 일하던 전태일이 자기 몸을 불사르는 사건이 있었어 요. 노동자의 비참한 현실을 알리기 위해 한 행동이었지요. 전태일의 죽음을 목격한 문익환 은 책상 앞에서 연구만 할 것이 아니라 사람들의 삶 속으로 들어가 함께 목소리를 내고 힘을 보태야겠다고 결심합니다.

그가 독재정권에 맞서 민주화운동의 맨 앞에 나서기로 한 결정적인 사건은 1975년 8월 17일 장준하의 죽음입니다. 그 당시 박정희 독재 정권을 날 선 목소리로 비판하며 민주화를 외쳐 온 장준하가 갑작스레 죽음을 맞자, 문익환은 1976년 '민주구국선언' 성명서를 쓰는 것을 시 작으로 민주화운동에 뛰어들게 되었어요.

1987년 6월 민주항쟁은 전국적으로 뜨거웠어요. 1월, 서울대학교 박종철 학생이 물고문당해 질식 사했는데, 정부에서 그 사실을 감추었어요. 4월에는 전두환 군부가 정권 연장을 위해 '4.13 호헌조 치'를 발표했고, 이에 분노한 학생들과 시민들이 거리로 나와 시위했어요. 그러던 중에 이한열 학 생이 최루탄에 맞아 쓰러져 결국 사망했어요.

7월 9일 '이한열 열사 장례식'이 열렸습니다. 장례식장 연사로 선 문익환은 타들어 가는 목 소리로 피를 토하듯 군부독재 아래 억울하게 죽은 스물여섯 열사의 이름을 하나씩 불렀어 요. 문익환의 절규에 장례식장은 눈물바다가 되었어요.

문익환 삶에 관한 이야기를 참고해서 아래 장면들을 사건이 일어난 순서대로 적어 보세요.

이한열 열사여!

1 문익환 이한열 열사 장례식장에서 연설

2 박종철 열사 죽음에 대한 진상규명과 독재 규탄 시위

3 민주구국선언문 작성

장준하 사망

등산중 실족사

4 장준하의 갑작스러운 죽음

5 평화시장 노동자 전태일 분신

6 시위 중 이한열 열사가 최루탄에 맞음

정답: ⑤, ④, ③, ②, ⑥, ①

 스페셜

문익환

초판 1쇄 인쇄 2024년 11월 6일
초판 1쇄 발행 2024년 11월 18일

글 정용연 · 김한조 그림 김한조 표지화 손정호

펴낸이 김선식
펴낸곳 다산북스

부사장 김은영
어린이사업부총괄이사 이유남
책임편집 박세미 책임마케터 김희연
어린이콘텐츠사업1팀장 박정민 어린이콘텐츠사업1팀 김은지 박세미 강푸른
마케팅본부장 권장규 마케팅3팀 최민용 안호성 박상준 김희연
미디어홍보본부장 정명찬
편집관리팀 조세현 김호주 백설희 저작권팀 이슬 윤제희 제휴홍보팀 류승은 문윤정 이예주
재무관리팀 하미선 김재경 임혜정 이슬기 김주영 오지수
인사총무팀 강미숙 이정환 김혜진 황종원
제작관리팀 이소현 김소영 김진경 최완규 이지우 박예찬
물류관리팀 김형기 김선민 주정훈 김선진 한유현 전태연 양문현 이민운
외부스태프 디자인 오혜진 먹선 및 채색 이기량

출판등록 2005년 12월 23일 제313-2005-00277호
주소 경기도 파주시 회동길 490
전화 02-704-1724 팩스 02-703-2219
다산어린이 카페 cafe.naver.com/dasankids 다산어린이 블로그 blog.naver.com/stdasan
종이 스마일몬스터 인쇄 민언프린텍 코팅 및 후가공 제이오엘앤피 제본 대원바인더리

ISBN 979-11-306-5778-3 14990

KC

품명: 도서 | 제조자명: 다산북스
제조국명: 대한민국 | 전화번호: 02)704-1724
주소: 경기도 파주시 회동길 490
제조년월: 판권 별도 표기 | 사용연령: 8세 이상

※ KC마크는 이 제품이 공통안전기준에 적합하였음을 의미합니다.